IN
HOMO
VERITAS

Sommaire

Images libres Identifiées **ou** ***DR droits réservés***	***Noms des crédits***
P3© ID 980 10256	p 3 bonobo pensant
P5©DR	p 5 et 115 Enkidu
P7 et 89 ©htm_txt_1Dem7	p 7 Démocrite
P8©Wikipedia	p8 Momus
P10©MEH	p10 Pat Mallet Erasme
P11©DR	p 11 chevaux
P13©hand_813 525_180	p13 rouages
P18 et 132©DR	p18 et132 Jiminy Cricket
P20©DR	p20 Diogène
P22 et 83©DR	p22 et 113 uzume rire et danse
P23©Photogen	p 23 transat et transit
P26© DR	p26 on pense on rit
P27©media_album_97	p27 michelle
P28©1003 644	p 28 comedia
P30 et 70©1002327	p30 et p70 jocondia
P31©Venus_of_Bassempouy	p 31 Brassempouy
P33©amazingeye_beautiful_woman	p33 eye
P37©DR	p37 lettre D
P59© DR	p 59 illumination
P61© magphilo29_illustration	p 61 et 69 philo + Orion
P63© earth_planet_atlas 10110145-m	p63 atlas
P65© forever computer-searches 117405_180	p 65 Geek
P67© olympe ess_504	p67 tribune d'Olympe
P68©DR	p 68 le mur des bons
P72© DR	p72 et 91 sages
P81©1234043_180	p81 eye
P83© Genzo	p 83
P84© DR	p84 URR
P86© Mm_22	p 86 universel
P87 ©engyfc32	p 87 pendulum
P88©DR	p 88 et 118 trois demens
P90© science et vie 2011	p 90 il rit
P97©engyfc32	p97sumo Goliath et David
P98©DR	p98 Voltaire
P111©life_1426255_180	p 111 potes life
P112© DR	p112 face à face
P116©DR	p 113 et 117 lettres P
P117© 483010_180	p 116 défi
P121© walk_1444592	p 121 elle marche
P126©DR	p 126 Arcimboldo
P127©828641.	p127oignon
P129© DR	p 129 gai savoir

C’est Moi, Sined

Publié le décembre 21, 2017 par duanruof

Bioblogue

Je pense donc je ris,
Je ris, donc je suis.

Que dire de moi à 78 piges, égaré dans cette ère aux repères flous ? J'ai appris, n'en déplaise à Platon l'ancien, et à Luc Ferry le moderne, humains hautement civilisés de l'ère précédente, que la sagesse ne fait pas le bonheur dans le chaos, et que la vérité est une pure chimère. Je peux en rire quelque temps encore. Mais qui s'en souviendra ?

Sur mon histoire vécue en désordre, j'ai peu à dire.

Je suis né en 1942, sous le gentil Adolf, d'une génération encore gagnante sur la connerie des gouvernances criminelles.
Ma jeunesse en Jurassique Parc, m'a construit bizarrement à rigoler de tout, puis des dinosaures gloutons des « trois glorieuses », que j'ai servi, comme tout le monde.
J'ai dû souvent changer d'état et de forêt, pour vivre en vaillant fourrageur, sans bien comprendre le fond de la question du rire pour la raison.
D'abord conseil et mécano des Générales, puis subalterne en gouvernance du Marché, enfin développeur de plaisirs liquides pour consommateurs festifs, je me suis peu à peu frotté d'un humour critique, dont le sens final continuait de m'échapper.
Mon profil de « con actif » m'a sauvé du pire, et m'a fait classer comme à peu près fiable, mais pas docile.
De ce fait je n'ai jamais été oscarisé, et c'est justice pour un Rigolens autant mal parti que pas bien arrivé dans sa carrière de silex.
Nidificateur sans tradition, je me suis marié de longue vie à une dame au questionnement fréquent, dont l'humour sacré est encore mystérieux.
Je suis le « père » institutionnel d'un homme insigne, dont le destin sérieux m'a étonné.
Je suis l'heureux grand père d'une belle et gaie personne, qui rit de tout avec raison.

Pour finir et en finir, je suis un primate rigolens au cerveau inaugmentable.
Je pense que l'important est de réfléchir en rigolant, et j'ai compris que la meilleure loi n'est pas celle du connuisant.

Sined

Manifeste

Publié le octobre 11, 2019 par duanruof

Vous êtes HOMO RIGOLENS,

Si vous voyez le rire comme un Art de vivre des hommes et des femmes à égalité.

Si Discerner, raisonner, avancer, sous la ré-flexion de l'humour est votre énergie.

Si le rire fait votre envie d'équilibre, entre intelligence et pouvoir, pour vous et pour tous,

La Force Comique est alors votre plaisir,

Et ce blog fera l'état du gai savoir.

Sined de Gelos

Dédicace aux historiens

Publié le novembre 29, 2019 par duanruof

Cher monsieur MARMION,
Chers chroniqueurs de

« L'Histoire universelle de la Connerie », *

En son état de sapiens, pas du tout sage, et souvent méchant, il a fallu à l'humain 40 000 ans de progrès technique pour atteindre la connuisance mondiale, star de vos récits.
Vos cons, tous réunis dans leurs histoires prédatrices sont comiques et terrifiants. Ils nous montrent qu'ils ne rigolent pas, surtout les plus violents.

Où pourrait alors passer notre avenir, si ça continue comme ça ?

On voit aussi avec vous que les éveillés du 21e siècle ont à se méfier des abus du transhumanisme.
Mme Elisabeth de Castex décrit très bien les deux camps qui se font face, celui des technoprogressistes incontrôlables, et celui des défenseurs d'une condition naturelle de « l'humain », « baladé dans l'évolution ».

- Le premier camp se poste actuellement sans discernement possible.
- Le deuxième camp veut « s'enivrer », d'un progrès qui ne nuirait pas, sous un gai savoir.

La connerie néfaste, « créature incendiaire », peut encore être étouffée par le rire propre de l'homme. Prendre sans donner ne fait plus rire.

Notre blog témoigne : il est possible d'éviter une fin de l'histoire sous la connerie extinctrice. La condition, pour nous, est de mettre un HOMO RIGOLENS dans tout sapiens.

Chers chroniqueurs, acceptez-vous ce projet, pour nous rejoindre ?

HOMO SAPIENS RIGOLENS

*Aux **Editions « Philosophiques »,** depuis – 2019

Atout espiègle

Publié le mars 17, 2021 par duanruof

Michel Serres a su tirer sa révérence terrestre en 2019, à l'âge si jeune de 88 ans, en nous livrant, cette année-là, ses « Morales espiègles », pour une civilisation nouvelle au pied du volcan du progrès.
Contre les vents et marées de la connuisance, nous contribuons aussi à établir un prologue à un nouveau grand récit. Nous savons comme lui que cette civilisation première peut naitre de la force comique du chahut, sans tricherie possible.
Et pour notre part nous la voulons dans les vignes d'un rire sapiens sans seigneur.
Seul l'humour, essence du comique, peut contourner avec force et légèreté la science ruine de l'âme, et les malveillances idiotes qui préfèrent à ce jour tout prendre sans donner, et sans jamais pardonner.
Nous voulons des hommes et femmes aux proportions de conscience équilibrées pour piloter le chaos.
Avis de Bien être !
L'histoire accélérée des croyances et des sciences, l'expérience alchimique du virtuel, nous ont enseigné tous les pièges des mauvais contrats sociaux, mais aussi la morale d'humour applicable aux conflits. Elle n'est pas celle des dominations abusives et des démocratures privées ou publiques.
Rira bien qui rira vendredi, s'il a pu démolir un mur des cons, s'il a survécu aux excès de pouvoir des programmes numériques et aux algorithmes indéterministes, aux tours d'envol ronflantes des astrophysiciens fumeux, aux chimies les plus « folamour ». Et surtout si il a tué dans l'œuf du serpent les monstres de la biologie aux cerveaux augmentés.
Nous avons bien compris que « la question maintenant est de maitriser la maitrise et non plus la nature ».
Alors Doux est [notre] ris, et sa voix qui [nous] pousse.

DUANRUOF

A MOMUS Dieu du Rire

Publié le octobre 9, 2018 par duanruof

Pour la raison.

MOMUS, Grand Sacré des Rigolens, tu es l'éclaireur de la raison. Elle ne vacille jamais quand tu ris, depuis les temps antiques.

La fable d'Alberti, « MOMUS ou Le Prince », t'a salué ainsi :
« [Lecteur]Tu vas apprendre maintenant comment, grâce à ce fauteur de troubles, la majesté divine [Zeus] fut mise en grand péril. Et tu trouveras **tant de raisons de rire** que par comparaison tout ce qui précède te paraîtra fade. »

MOMUS, à mon âge de vieux primate ludique, tu m'animes en magnifique, même si ma pièce est jouée, car ton rire est ma lucidité de mortel.

Personne ne sera jamais autre Prince que toi, sans folie.
Personne ne sera Homo Deus, le surhomme avide éternel.
Au cerveau augmenté de la fable.
Il n'y a pas de « Grand Dessein » Technique probable.

MOMUS, du rire propre de l'homme, voici l'incantation :

Donne-nous l'énergie comique.
Donne-nous la vertu de rejoindre l'humour cosmique.
Epargnes nous la cage d'Orwell des prédations transhumanistes.
Fais tomber ton rire-éclair sur les agelastes qui résistent.

Si on ne rigole pas, ça va coincer.

Sined, le Déconoclaste.

Pour Eric

Publié le août 21, 2018 par duanruof

CONCÉDONS, disait Érasme
Qu'il faut cesser d'être sérieux.

Entre rire et raison,

Quelques bons mots
A ton humour suffiront.

La volonté de puissance
N'est que la science des zozos

Par Mallet

Dédicace pour Irina

Publié le novembre 25, 2013 par duanruof

J'rigole, disait IRINA, ma petite fille,
Auteur de slams même pas peur,
En philosophe sans estampille,
Quand elle est de belle humeur.

A IRINA, jeune femme des années 2020 :

Mon âge canonique
M'a laissé le rire qui pique,
Et ma raison enfin défie
La nuisible connerie.

Irina... chérie,
Ce blog te dit
Que quand on rit,
On réfléchit.
Tes coursiers
De Rire et d'âme,
Font bien ton habileté
Pour « écrabouiller »
Les méchants ânes.

« Vis Comica »
M'a prié de mettre en page
Mes recettes de ménage
Contre ces les tristes sages.

Irina, ma sapiensette,
Je te le ris tout net,
L'ère d'humour est arrivée,
Tu vas bien t'amuser.

SineDiadia

Jeux de rire, jeux de raison.

**Lorsque le rire parait,
la raison grandit.**

La prédation de trop conduit à la fin de notre espèce, qui serait plus grave que celles des Néants d'Erthal, des Nez en Thropez, bien pire encore que celle des Dix Nausaures. En somme, rien d'amusant. Certains estiment que c'est pour 2050, au plus bas de la constellation d'Orion.

Si nous ne sommes pas les maîtres de ce monde, nous avons toute la connerie qu'il faut pour le détruire dans les trans-techniques des surhommes augmentés, après 500 000 ans d'espèce bipède, au cerveau peu rationnel.
Le sapiens technologique est un grand abuseur, dont le discernement, est confiné, dans le sérieux des plus forts. Or nous sommes au début de l'âge de cette planète, que nous épuisons pourtant prématurément. Le primate humain, sans gai savoir à ajouter, ne sait plus à quoi il faut jouer.
Les cerveaux augmentables seront pour les plus malins, au pas de tir de la pyramide de Khéops, vers des mondes extra-terrestres de survie. Mais les agneaux de la fable refusent que les loups les mangent. La majorité du troupeau a fini par comprendre que la science sans conscience les a progressivement ruinés.
Elle veut jouer et jouir des avancées de l'espèce en raisonnant. Alors l'extinction pour 10 milliards de lapins crétins, sera mise en échec si nous prenons du recul pour rigoler et réguler. Le gai savoir est notre unique scénario possible.
La déraison technologique a déjà dé-produit plus de 100 millions de morts en quelques 50 années, et autant de pauvres gens cassés, victimes des disputes de cours de récréation malveillantes.
Ce sont là des bluettes comparées aux effets attendus des intelligences artificielles oligarchiques ; celles-ci ont le pouvoir tranquille des hologrammes qui nous dématérialiseront par simple Click.
Nous sommes déjà pulvérisables sur les réseaux virtuels agélastes, ce dont big Brother n'avait pas lui-même rêvé.
Homo Deus, nouveau Dieu ersatz de pacotille, serait le surhomme exterminateur annoncé.
Il cherche à prendre, en petit horloger numérique, dont le plaisir calculatoire vit du tripotage toxique des chiffres, des consoles et des tablettes.
Son veau d'or est un algorithme. Homo rigolens, dans ce chaos, n'est pas un révolté d'opposition ordinaire.

Il veut un ordre des choses transhumaniste sans étrangeté, sous la force comique de raison. Retrouver l'eau claire du discernement est notre affaire.

Pablo Neruda dira :

« Si chaque jour
Tombe dans chaque nuit
Il existe un puits
Où la clarté se trouve enclose,

Il faut s'asseoir sur la margelle
Pour y pêcher avec patience
La lumière qui s'y perdit ».

Voici « **L'heure de s'enivrer »,** dont rêve **Mr Hubert Reeves,** afin de « jubiler » du progrès, au-dessus des tentations de la science sans conscience. « L'absurde » est *encore* « évitable ». « Les murmures de la raison ne sont pas inaudibles ».

Rigolez pour vous déconfiner :

Il faut écarter pour toujours le pouvoir des connuisants au triste savoir en rigolant.
En 1942, Winston Churchill, Charlie Chaplin et Pierre Dac, ont su élever la force comique des peuples contre les Bons Aryens et les vilains Shoguns et contre 1 000 ans de mortalité dirigée ; les humoristes ont gagné. Pour mettre fin aux étranges désordres actuels de la prédation technique, le gai savoir doit faire une à son tour une meilleure « fin de l'histoire ».

Sortons par le rire de la raison tous « **Ces fous** [nouveaux] **qui nous gouvernent** » - **Pascal de Sutter - Les arènes - 2007.**

On refoulera alors la **« Troisième guerre mondiale qui a commencé - Arthur du Plessis - JCG - 2002.**

Une « bonne vie » sans prédateurs abusifs.

Faire le lien entre humour et raison, c'est en finir avec la connuisance des minorités stupides, et c'est réenchanter le « sens des choses » de Monsieur Jacques Attali.

Mr Luc Ferry a imaginé un projet d'acceptation du lendemain, qui retrouverait **GILGAMESH et BOUDDHA – Sagesses d'ORIENT, « en Sagesses d'hier et d'aujourd'hui » - Flammarion - 2012.** Il montre dans son comportement public, que l'humour permet de raisonner droit, et juste, du côté du bien.

Et il voit, que pour une « bonne vie », « voyager sans connerie, c'est plus léger ».

L'humour gélosophe permettrait-il enfin de gouverner sans nuire ? Mais alors, cher Mr Ferry, nous redoutons **« La révolution transhumaniste » - Plon - 2015** que vous appelez quand même de vos vœux ; seriez-vous prêt, par précaution de raison, à exiger une Intelligence Artificielle subordonnée au gai savoir ?

Le rire, Art de Vivre, est une vertu collective sans exclus :

Les jeux de rire font le discernement commun des Homo Rigolens. Le rire est le propre de tout homme, ou plutôt de tout humain, de sa première nano seconde à sa fin. **Mr Comte-Sponville, dans** son **« Petit traité des grandes vertus » - PUF - 1995,** nous dit que « La force du rire nous protège et nous raisonne, en même temps qu'elle nous élève ».

Nous avons ce pouvoir tous les jours, comme art de vivre de force comique.

Le doute de Dario :

Ne nous laissons pas impressionner par les agélastes, qui aiment rester pessimistes.

Dario Maestripieri voudrait refaire la partie autrement. Dans son étonnant - **à quoi jouent les primates - éditions de l'évolution - 2012,** le grand « biologiste évolutionnaire » s'interroge sur notre mauvais comportement de prédateur, et il a tout à fait raison.

Mais son enquête, « centrée sur l'amour, l'économie et le pouvoir », situe définitivement les sapiens entre « l'obsession de la dominance » et « la joie des coups de bec ». Emporté par sa critique, Dario ne remarque pas que nos embrouilles et conflits d'hommes mal léchés peuvent être déminés et dominés par le rire. Pourtant, il cite nos cousins-cousines, les bonobos, praticiens permanents des jeux sociaux rigolos de compensation.

Les bonobos préviennent et corrigent ainsi les abus de leurs conneries en tribus. Dario ne voit pas que cette raison du rire soit applicable chez le primate humain. Nous pensons le contraire, en la voyant au cœur du gai savoir humain.

La Cata de Noah :

Au doute installé chez **Dario,** Mr **Noah Harrari,** prévisionniste populaire très sachant ajoute une énorme crue de pessimisme dans sa **brève histoire de l'humanité - Albin Michel 2016 :** « Et personne ne sait où nous allons ». Dans un second ouvrage **« Homo Deus »,** il annonce un chaos mondial prochain, à la main des oligarques transhumanistes de la Silicone Valley et de Pékin. L'IA étant déjà totalitaire en Chine D'ALIBABA, on ne rigole pas du tout chez Noah! Paradoxalement, il la vénère, et alors là, on prend vraiment peur. Dans son troisième ouvrage, celui des **21 leçons pour le XXIe siècle,** chez - **Albin Michel 2018,** Noah fait déborder la coupe.

Refusons de la boire quant à nous, pour rigoler et raisonner droit ensemble, sans craindre une mauvaise fin de l'histoire. « Sans renier nos tendances évidentes à la compétition, nous sommes fondamentalement sociaux ».

Avec **Mr Pierre DAC,** rirocrate pionnier, on lisait déjà cet espoir entre les lignes volontairement embrouillées, mais hilarantes du Maître : « Il est prouvé et péremptoirement établi, que rien de constructif et de valable ne sera obtenu tant que le principe de la communauté pour tous, dans l'individualité reconnue par et pour chacun, continuera de demeurer à l'état embryonnaire ».

Suivez le BIBRON, avec Jiminy Criquet :

« Nul n'entre ici s'il ne rit pour réfléchir », dit Jiminy Criquet.

http://www.scienceshumaines.com/l-humour-enfin-pris-au-serieux_fr_27877.html

Le BIBRON, est son invention, qu'il tient tout le temps au service de l'humanité rigolens. Cette création à la forme d'un petit parapluie de voyage sans fin. Le brandir permet à Jiminy de porter les « effets raisonnés du ris », décrits par le grand Dr Joubert. Le BIBRON est donc notre gélomètre, instrument qui mesure le niveau de la force comique ambiante. Au rouge vif, il marque **B**onheur **I**ntérieur **B**rut de **R**igolade, notre BIBRI. Il jauge l'état communicatif de bien être collectivement atteint par le rire de discernement. Il relève le rapport des deux flux « prendre et donner » qui sont observables dans une action, sous l'effet de la Force Comique appliquée.
Le rouge au parapluie, marque l'indice 100, l'égalité entre ce qu'on prend, et ce que l'on donne. « Revenez à l'équilibre, « au juste milieu », entre compétition et coopération, est le premier propos du gai savoir.
On notera que dans les rirocraties des économistes non égarés, on se propose d'atteindre, avant 2050, un BIBRI universel supérieur à 100. L'économie politique et sociale qui compte est bien celle du Bonheur Intérieur Brut des sapiens.
La question de **Marc Augé,** ethnologue des mondes contemporains, dans **« Ou est passé l'avenir ?** » - **éditions du seuil - 2011** – aurait là cette réponse.
Certes nous voyons que la globalisation est explosive, et que la course s'engage mal, sous le transhumanisme, qui cherche son veau d'or numérique.
Nous avons besoin d'un grand récit original nouveau. Nous proposons de mettre fin aux démesures en portant le rire de la raison à la gouvernance des cités, dans un mouvement d'apprentis gélosophes, fondement d'une **Démocritie.**

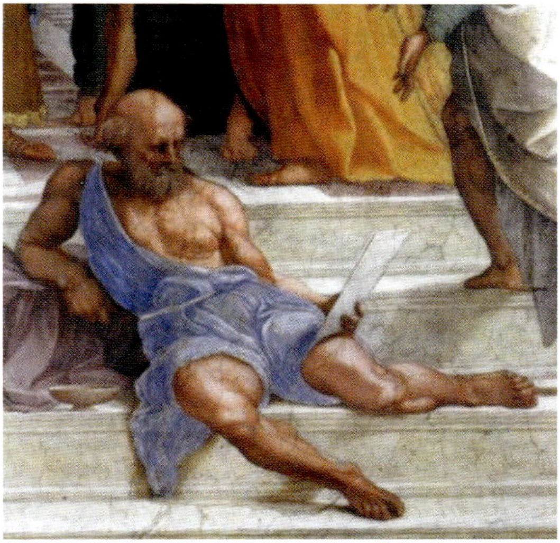

Qui est déjà monté en haut de cet escalier ?

Confucius, Kung Fuzi, le grand maître rieur pour tous, est toujours à la manœuvre.
Il y a 2 500 ans ses patrons et partisans chinois furent avec lui des politiques précurseurs de la gouvernance du gai savoir.
Premier maître de l'action au sourire, Confucius a changé en bien une civilisation cruelle.
Le feu n'est pas éteint. En Asie la bienveillance et la bienfaisance du rire pour tous, que l'on veut nommer aujourd'hui « empathie », pour faire chic, est un art partagé.

Voltaire, turbulent acteur du vrai rire révolutionnaire.

En France et pour l'Europe, il a su trouver le rire et la raison critique dans un « siècle de fer ». Gélosophe autant que philosophe, il fut un acteur - entrepreneur infatigable de la force comique pour toute Cité. « Il est poli d'être gai » a été le trait premier de son « gai savoir ».

Défenseur révolté des abusés sous connuisance, il fut « l'irremplaçable » des « lumières ».
Comme pionnier de la rirocratie, il a élevé au sommet le parti du rire contre la bêtise, où qu'elle soit.
Mais, comme Platon l'ancien auprès du tyran Denys de Syracuse, il a échoué à vouloir conseiller trop tôt les monarques philosophes de son temps.
Les révolutions populaires assassines ont rejeté à leur tour le rire de Voltaire.

Cynthia **FLEURY**, est au sommet du gai savoir de raison qui nous attire. Elle est absolument souveraine, dans sa réflexion gélosophique. Le rire qu'elle nomme en force comique n'est pas une « philosophie avortée masculine », comme certains le disent encore après Jean D'Ormesson. (Il aimait trop les femmes, pour les accepter à égalité dans un rire partagé).

Dans **« Les irremplaçables », Cynthia Fleury** nous montre que pour protéger les cités démocrates des « sujets libres ». « Le rire déloge la servitude de chez l'homme ». » L'humour, hors de toute posture savante, ne cesse jamais de penser ». « La disposition à la vérité [sentiment de l'absurdité] est la matière même de l'humour, et du processus d'individuation qui en découle ». Cynthia Fleury nous appelle : « L'humour est révolution », et « pacte avec l'autre ».

Marianne Grasselli Meier : le rire sacré des femmes - 2014 - adresse du jour sur Google, recherche sous son nom.
De sa revendication métaphysique du rire des dames, nous retenons que les irremplaçables, sont adorées pour leur force comique universelle.

L'équilibre entre les sexes, qui s'était effacé il y a 12 000 ans avec l'arrivée des chasseurs-cueilleurs machos est rétabli.
Le « cercle des femmes » qui rient, les a faites « gardiennes de la terre » pour toujours.

UZUME créant le rire de raison et la danse

GéloSophie

Philosophie, amour de la sagesse,
Gélosophie, humour de la raison.

Les deux Sophie sont en mer de gai savoir.

Passé et Avenir :

Cher visiteur,

Je suis ton frère primate, petit-fils, comme toi, d'Anthropithèkos, notre grand papa marcheur, chasseur-rieur du Riff. Il ne mangeait ni son père, ni ses enfants, il se marrait avec eux la plupart du temps.

Il était déjà conscient de l'enchaînement de toutes choses et de tous humains, et aussi de la part égale des deux sexes en cette affaire.

Il savait que toutes les conneries nuisibles sont le fait des abuseurs de prédation, qui n'ont pas de gai savoir.

C'était hier, il y a bien 500 000 ans, et moi, le Rigolens, descendant de nature parlante et rieuse, je suis aujourd'hui assez fort pour construire ce gai savoir, si je veux.

La connuisance universelle meurtrière a été portée par les croyances et techniques des gagnants les plus forts.

Depuis le premier crime « civilisé » de Caïn fils d'Adam contre son frère Abel, jusqu'au dérapage fanatique des Homo demens de septembre 2001, il y a eu de plus en plus de difficultés idiotes pour nous empêcher de rigoler et réfléchir ensemble. Le sapiens et la sapienssette ont pris la grosse tête, avec un cerveau qui voudrait maintenant être augmenté par la gonfflette du Dr Frankenstein.

Je pense, donc je ris,
Je gélosophe donc je vis.
Éveillez-vous, les Rigolens.

Voici le récit du futur, tendance connerie grave, qui vous attend si vous ne riez plus du tout. Nous sommes entrés en alerte mondiale depuis « l'avènement des machines » et des réseaux, prêts à étouffer les sous hommes.
Neuneuronés de frais en sciences et data, ils ont leurs éclaireurs à Pe-king, et en Sili-conne Valley. Ils sont totalement incapables de rigoler pour réguler leur avidité.

Il n'y aura pas de « solution magique » pour nous tirer de l'intelligence artificielle perverse.
D'autorité il faudra l'asservir à l'intelligence réelle, en rigolant avec des cerveaux pas encore augmentés.

Le pire, n'est jamais certain. On survivra à la vague des « 30 piteuses » technologiques en nous protégeant par l'humour. L'humour fait vertu pour raisonner juste. C'est cela l'ivresse recommandée par Hubert REEVES, homme de science et de gai savoir.

Il propose de garder la main sur l'évolution technique et le progrès.

Machiavel, Prince agelaste au savoir technique a cessé d'être un modèle d'art de la gouvernance et Ray Kurzweil, nouveau prince de l'art de la folie dure a une vision épouvantable de la singularité des homo deus de gouvernance.

La question d'aujourd'hui est donc de répandre le souffle du rire pour la raison, dans la majorité de la population. **CHAMFORT** l'ancien ne saurait être démenti : « C'est la plaisanterie qui doit faire justice de tous les travers des hommes et de la société ». Voici cinq minimes du gai savoir, qu'on pourrait lui attribuer :

1 - Le rire de discernement fait l'avenir de notre espèce non augmentée.
2 - La Force Comique peut gouverner l'étrange désordre des choses.
3 - Momus le génie rigolens est bienveillant – bienfaisant.
4 - L'immortalité artificielle doit rester une Mythe.
5 - L'intolérance n'a pas de maison pour ça.

http://www.psychologies.com/Culture/Philosophie-et-spiritualite/Savoirs/Livres/Le-rire-fou-des-sages

Si t'es pas Gai, ris donc !

-

Les Dames en rient

Paillasse contre Arlequin, le combat des coqs.
« C'est une étrange entreprise que celle
de faire rire les honnêtes gens ».

Mesdames,

En écrivant cela, Molière voulait que le rire soit une force de tous et toutes.
Dans sa préface du Tartufe, il précisait pour votre propre route :
« L'emploi de la comédie est de corriger les vices **des hommes ».**

Voltaire, pour l'humour et la raison, et pour nous tirer d'affaire, écrivit ses « lettres philosophiques », au trait de plume vif de son esprit-surprise.

Il associa sa compagne Emilie à cette entreprise, car elle était femme de lumières.

Mesdames, mettez à ce Blog vos propres lettres gélosophiques. Pour la noblesse du comique.

Chères Jocondes de Vinci,

La première porte du gai savoir des dames au sourire sacré fut ouverte par MONA LISA,

Léonard a su capter le pouvoir un peu distant de son modèle. Il voyait en elle toutes les femmes de rire et de raison, il y a déjà cinq siècles.
Que ferions nous de nous et de cette Terre, si les Jocondes ne nous éclairaient pas de leur gai savoir ?

Pour se gouverner, les hommes sans les femmes sont des incapables.
Depuis 12 000 ans au moins, ils ont voulu quand même l'ignorer.
Le rire « propre de l'homme » est d'abord celui de l'arbre de vie féminin.
Les mâles ont effacé sottement les dames au rire de beauté. Léonard les a retrouvées.
« Le rire et la raison font l'homme et la femme », a écrit Rabelais, dans ce même temps.

Mesdames,

écoutons vos chapitres très anciens :

Chat-pitre Un

Toi cher Démocrite,
Premier secoué de rire et de raison,
Proclame avec nous la fin du chaos,
Par notre féminin mérite.
Toi Nietzsche,
Et pas le Surhomme,
A barbiche,
Crie enfin le « gai savoir » ludique
De notre féminine logique.

Chat pitre à deux

La prévention des connuisances est la charge commune des Sapiens et Sapiensettes, dans le désordre le plus étrange des choses.

Chat pitre étroit

La gouvernance du rire sera bien conduite à égalité des genres, solidairement.

HEP-i-taphe :

Le « **Mort aux Cons** » **Hachette Littératures - 2007 -** de **Carl Aderhold** s'adresse aux mâles-appris :
Il dit qu'il faut en finir avec le mot « con » attaché au corps féminin, depuis la Rome antique, sans aucune raison ou bonne éducation.
Alors les femmes se devront la fin de ce détournement en mot valise, insulte de tous les machos pour fustiger la bêtise : con comme une bite ne fait pas l'affaire. Mais les mâles les plus cons, devraient bien finir en tristes bites.

Pour en terminer Il faut tuer tous les mépris, même contre les mânes de Boris Vian.

Illustre Boris,

Une dame Joconde vous écrit :

« Chéri chéri, fais-moi rire,
Tu fus Centralien, musicien, chanteur, grand séducteur à « trompinette », humoriste adoré, génial et célèbre en tout art de rire et dérision, idole des plus jolies déesses.
Pourtant tu fus, toi aussi, un fils de famille très mâle élevé, scandaleusement conforme à ta caste figée, et tu nous désobligeas toutes, nous les femmes, tes égales par toi humiliées.
Aucune Joconde n'ira « cracher sur [ta] tombe », cependant aucune ne peut te pardonner ta déclaration féminicide sans humour. Contre notre raison d'être, tu as dit sans rire, nous te citons :
« La femme est ce qu'on a trouvé de mieux pour remplacer l'homme quand on a la déveine de ne pas être pédéraste ». (Claude Gasnière, dans « Entre Guillemets »).
Chéri, chéri, tu avais donc de nous,
Si grande et mâle peur.
Il y avait mieux à faire au « Tabou »,
Que de flétrir à la fois trois genres, sans aucun cœur.

Les Jocondes de Léonard.

Dicomic

Dictionnaire
comique
que ton œil reconnaîtra

Ici Pitttakos,
1, Vallée du Rift
Nouvelle ère, An 20,

Chers cousin cousine Sapiens,

Au nom de notre ascendant commun, Bipèdos Anthropopitékos, je vous prie d'ouvrir l'œil sur mon dictionnaire gélosophique.
Il vous aidera à parler HOMO RIGOLENS, ce qui est un bénéfice d'évolution certain.

Voici quatre définitions en prologue :

Connuisance :
Connerie humaine sur prédatrice pandémique, qui nuit gravement à tout et à tous, parce qu'elle veut « tout avoir sans rien donner ». La connuisance nous bourre les neurones, comme la poudre à cons dans les mauvais canons.

Déconnosophie :
Gélosophie, Gai savoir du rire, « propre de l'homme », et de la Raison, qui n'est pas la sagesse. Proposée par des bons médecins, Rabelais et Joubert, après qu'Érasme se fut moqué de la folie des inhumains.
Nietzsche ne l'a pas trouvée à temps, malgré sa recherche du Gai Savoir tout court. Elle est le sujet principal du Blog HOMO RIGOLENS.
Tout Gélosophe est porté à rigoler pour agir au juste milieu des ego. De plus, il sait se faire l'arbitre des conflits, car les humains ont à rire ensemble pour raisonner sans s'étriper.

Homo – Demens :

Sapiens très égaré qui erre hors contrôle du rire de la raison, ni sur lui, ni sur les autres.

Il prend le cerveau de l'homme pour une lanterne, et le sien en particulier.

Les autres subissent le demens sans le contenir. Albert Einstein disait : *« Le monde est dangereux à vivre ; non pas tant à cause de ceux qui font le mal, mais à cause de ceux qui regardent le mal et laissent faire le mal ».*

Homéostasie :

Régulation constante du désordre étrange des choses.

L'évolution, procède par tâtonnements et contradictions.

L'homéostasie s'applique à la sélection positive des mécanismes et des structures dans les évolutions du vivant, notamment celle de l'homme.

Pittakos

Cher Pittakos,

Je te remercie de ton introduction en ces quatre mots d'or. L'important pour la raison, n'est pas d'être sérieuse, mais de se faire Aimé(e) en rigolant. Comme disait Oscar Wilde, l'oncle de Dany, il faut passer de l'homme sombre à l'homme qui rit.

Oscar Rigolens

Cher Oscar,

Je crois que tu commences à voir qu'il n'y a rien d'autre à comprendre, et que personne n'y peut rien. Alors, qu'avec le rire, on peut tout. Il faut rire pour « se battre dans l'action, et non dans la protestation ».

Le Gai savoir de Raison nous aide à triompher du chaos. Il lui faut ses mots, et quelques lettres et réseaux gélosophiques bien nets pour à se repérer entre les lignes de la connerie des trans humains.

Serviteur, cher cousin !

Pittakos

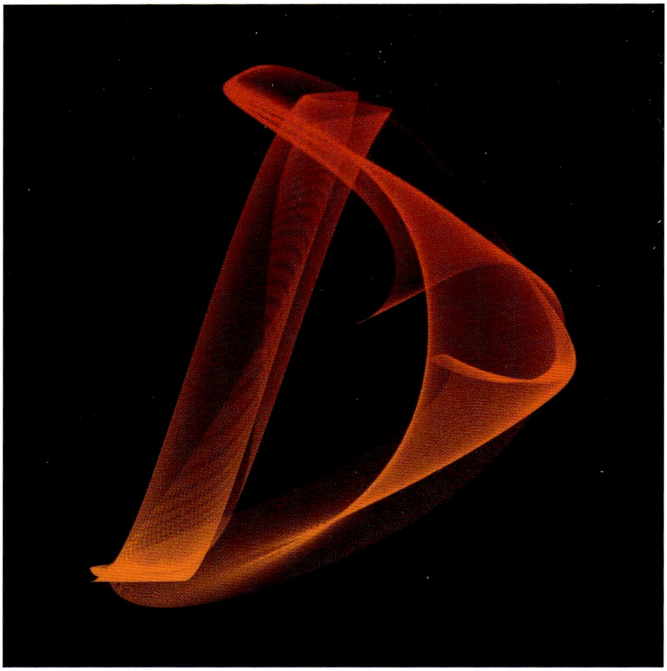

Lettres du Rire,

et des Raisons de cœur,

que tu peux connaitre

Chaque lettre du Dictionnaire de Pittakos peut être réutilisée gratuitement, libre de droits.

Les citations entières, sont administrées par ce blog ©.

A

Abus de connuisance :

Action de connerie nuisible, aux abus calamiteux. La Maltraitance de connuisance conduirait à l'extinction des espèces et des planètes.

Avis de déconnuisance :

Avis annonçant un Plan précis de rire et de raison, pour réguler une connuisance grave. Cet avis est accompagné d'une recommandation d'action comique spécifique.

Age de rire et de raison :

Age de l'Homo Rigolens non égaré, dont la conscience s'est éveillée au rire de discernement. Il survient vers 7 ans, après acquisition en société des premiers signes, touchers, écoutes, mots et paroles, épouillages et traits d'esprit du discernement.

Agélaste :

Humain si sérieux, qu'il ne rit jamais. Il ne peut pas, ou il ne veut pas rire. Il n'a pas le sens de l'humour, propre de l'homme, selon Rabelais. Les connuisants sont des agélastes, qui parfois font rire jaune.

Alcoonisme :

Sérieux penchant d'addiction du connuisant pour son « moi Narcisse », sans modération. L'alcoonique doit être sevré sous assistance comique, selon le protocole du Dr N'Abuse-Palah, exposée dans son ouvrage clinique « **J'alcoonne pour rien** » Editions des Fêtes bretonnes, à Delhire au Nez-Pâle - 2016.

Amour-humour :
Etat vertueux contagieux pas grave, selon tous les Docteurs « amoureux de l'humour », et du gai savoir pour la raison.

Anthropocène d'UBU :
Ère de détresse transhumaniste annoncée au toc sain par UBU II KISETOU, Roi des cons technologiques. « Et que si ta sœur a cassé la machine à vapeur, que si l'internet est pas net, que si le climat va plus droit, que si le numérique est maléfique, que si le Monde fait l'immonde, que si l'espace n'a plus de temps, que si le temps est dans les cordes de l'espace, et enfin que si tout ça t'embrouille, tu passeras une mauvaise nuit, sans cerveau augmentable ».

Apparence sérieuse :
Posture arrogante et sévère des crétins experts en tout. Elle est l'habit blanc des maîtres du monde auto proclamés, notamment en GAFAMIE.

Apocalypse sapiens der :
Fin de l'espèce trans-humaine qui se produirait vers 2050, dans le trou noir des abus de l'intelligence artificielle, et des conneries de surhommes augmentés.

Assassin, haschischin :
A l'origine fumeur de haschisch oriental, déjà violent cruel et sans humour, il y a dix siècles. Il manifestait sa malveillance dans le plaisir de tuer sans motif, pour être le plus fort. Le 21ème siècle a hérité du genre, sous prétexte de théocratie dystopique.
Synonymes : fou de Dieu, exterminateur au petit dessein.

B

« Blague qui tue, ou BQT » :

Blague de **Weber,** subie par les MDR, victimes de l'auteur dans – **Le rire du Cyclope - 2015.** La pratique de cet art du rire de dérision cruel désintègre le sujet abusé sous un procédé martial et sardonique, digne de l'assassinat. Évitez-vous, si possible, cette épitaphe de blagueur : **« Ci-gît un pauvre con, victime d'une BQT ».**

C

Cyclistère :

« Vélo sans selle, pour administrer les lavements ».

Cette définition est donnée par le **Pornythorinque es -il lustré ? Fage - 2010.**

Il s'agirait d'une machine urbaine Hidalgo, sans conscience, et ruine du fondement de l'homme.

Chaos-telling :

Récit anglo-saxon indi-geste et sans chanson sur quelques connuisances universelles.

Synonyme : **Tohu Bohu** du Quart livre de Rabelais.

L'homme prédateur narcissique, est l'objet de ces récits. Les « chaos telling » retracent sans rire les turpitudes, qui ont créé les désordres violents des choses, par exemple :

– 50 000 ans b.c environ : L'anéantissement des Néandertaliens par les Macho sapiens, qui se sont crus supérieurs sans raison de rire. On estime cette extinction à la moitié de la population mondiale de ce temps.

– 12 000 b.c environ : l'Age de glace du « Ferme ta gueule », imposé aux femmes par des hommes inquiets, avant même l'invention idiote des ceintures de chasteté.

Les autres confinements mâlement « paradisiaques » anti féministes ont renouvelé ces exploits, jusqu'au XXIe siècle, 1946 en France dite de l'égalité.

Le sourire sacré des femmes de raison fut ainsi bastillonné sous le plus étrange des crimes de masse hourdi contre la moitié des humains. Certains crétins sont allés, jusqu'à brûler des veuves sur des bûchers parfumés, pour honorer les mâles trépassés de frais.

– 3000 b.c - 221 : L'intelligence raffinée de la Chine civilisée invente pourtant l'art de la guerre totale. Le conflit de domination des empereurs guerriers, puis des royaumes combattants figera l'anti-philosophie de toute l'espèce humaine, contre le rire de Confucius.

La Chine a inauguré la voie universelle des guerres techniques, et des génocides stratégiques raisonnés sans humour : Sun Tzu fut le maitre adulé de l'Asie des empereurs, avant Machiavel en occident, pour le grand « art de la guerre » des princes et des Etats voyous.

La domination cruelle, le vol et le viol calculés sont devenus universellement légitimes.

- 1250 - 1848 : 1865 a.c : La Renaissance cupide et tartufe des temps humanistes partit en Grandes découvertes.

Du profit sans bornes, de l'enrichissement sans cause, et, L'occident érige la colonisation et l'esclavage en système global liberticide, nouvelle recette du « malheur aux vaincus », jusqu'en 1848, 1865 en Russie des Tsars.

« Casse–toi de là que je m'y mette », « à moi tes ressources et tes femmes ». On invoque Dieu pour aider les chefs de gangs et les papes imposteurs.

- 1917 à 1946, en notre dernière ère : Montée en puissance des gouvernances des Etats régaliens absolus, compétitifs populistes et accapareurs.
Fossoyeuses des « lumières », elles se firent dictatures, oligarchies, autorités de répartitions boiteuses des richesses volées selon la loi du plus fort.
Elles inventèrent aussi les fondrières des démocraties balbutiantes, et la « psychologie des foules ».
Les pires sciences sans conscience conduisirent aux connuisances des agélastes les plus violents. En conquêtes et désastres, on perdit 100 millions de morts avec deux guerres mondiales cruelles, dont 10 millions de citoyens exterminés par les bons Aryens du Grand Reich, 6 millions de citoyens anéantis par les pyromanes meurtriers du Soleil Levant. 25 millions de citoyens furent décervelés dans des Républiques étouffantes, égalitaires et collectivistes de « brave new world ».
- 1946 à 2050, avec les trente glorieuses en illusions économiques, on a cru pouvoir respirer. Mais dans la paix provisoire des terreurs techniques nucléaires, l'apocalypse a menacé à nouveau nos progrès incertains.
Alors, de plus en plus instable, et sous une démographie galopante, le monde prospère par îlots de pouvoirs tordus, auto proclamés civilisés. Les excellents ravages des guerres « propres », miniaturisées et dématérialisées, font les braises et le profit accessoire du volcan qui couve.
Mention spéciale pour les « bonds en avant » de toutes sortes, et les sauts terrifiants des chimistes, comme ceux des gentils créateurs démoniaques des robots soldats. Mention de consolation pour les manipulateurs sorciers et touche à tout de l'environnement et du climat.

Colère égareuse :

Désordre grec déjà décrit par Homère Michel dans la guerre de TOI, au commencement de l'histoire de Notre Mer occidentale.

Elle est maintenant commentée par **Jean Pierre Dufreigne**, dans un **Bref Traité de la colère-PLON 2000** sous un jour flatteur. « La colère génère l'art et l'art est humour dans le dérisoire ou la grandeur des destructions ».

Mais pourtant elle est plus que jamais la « Chienne égareuse » de Sylvain Tesson ? Colère sans humour, elle se dresse de plus en plus égoïstement contre la vis comica.

« Connerivence » ou Connuisance universelle :

Mot valise du « Pornithorynque est-il lustré ? » de Mr Alain Créhange, qui le définit ainsi : La Connerivence est la « complicité collective » qui pousse « certaines personnes à se regrouper pour faire des bêtises ensemble ». La Connerivence universelle est l'ennemi public de la force comique.

Cupides en bandes organisées :

Hommes et femmes mal appris, sur-prédateurs par envie et convoitise, qui ne peuvent pas rire pour raisonner. Ils connerivent ensemble pour prospérer en masse sous leurs chefs de communautés agélastes.

- Les fondamentalistes de toutes religions et croyances, ou même d'anti croyances, et les amateurs de vierges déportées au Paradis des Pas gentils.
- Les mâles élevés politiques, économiques et sociaux, accapareurs sans limites.
- Les casseurs de nids et destructeurs d'espèces, abuseurs de ressources rares, massacreurs de milieux vivants.

- Les narcissiques bricoleurs en toute science perverse et les neuro Zinzins de gloire détournée,
- Les experts-systèmes, aux algorithmes totalement indéterministes,
- Les statisticiens manipulateurs de modèles économiques et sociaux fumeux.
- Les démocrates « big Brother ».

Comiques d'alibis :

Acteurs de farces à la dindonnade, ils trompent les victimes de connuisances par leurs résistances de façade aux systèmes des abuseurs. Pour l'exemple, voici une tirade de Mirliton-ton, au Théâtre du Poing Ron- Ron, dans « La Force du Rire En-pire » de Jean MIMIRI. M'abiche Enapa, premier rôle, entre en scène à fond la caisse.

Elle hèle Ducon Palajoy, son amant N 'humide. Ducon, pédale force 7 sur un cyclistère « Pidalgo », le vélocipède parisien fixe sans selle. Il hurle sa douleur au-dessus du garde-boue qui frotte.

M'abiche Enapa déclare illicon, à la tête de Ducon :
« Ne me monte plus jamais sur ta selle, mâle appris,
Toi qui es si petit au lit,
Et si t'es pas gai, ris donc, Mais pas sur mon guidon.
Ha ! sombre héros, si enfin tu ris,
Je serai ta gélophile » (voir ce mot),
Et tu seras le pédaleur élu de mon île.
A ces mots Du con ne se sent plus,
Tordu, foutu, mais pas perdu,
Il jouit une fois du plus : Labiche est revenu(e)
La salle applaudit de rire à cette raison tragique ».

Convir A Zéro :

Virus virtuel qui ravage l'inconscience et les neurones sans rire, par peur de l'avenir. Il circule pandémiquement sur les réseaux sociaux et il n'y a pas de vaccin qui tienne.

D

Dieu, au grand dessein :

Etre unique, et Néant sans vision.

Dieu, le vrai ne pourrait rire de lui-même.

Or si le chaos a pu se créer sans avoir été créé par le boa, où commence et où finit le boa ?

Tout déconnosophe averti détournera l'homme et la femme de cette déraison du boa.

Déconoris causa :

Distinction académique du Rire de Raison **Φ.**

Au juste milieu du discernement, elle est décernée en reconnaissance d'humour ∞

Déconnosophe nu, nue :

Gélosophe des deux genres en sirène.

Elle rame dans une mer démontée par Raymond Devos.

Cétacé dit la baleine, qui rit en hermaphrodite.

Déconnologie :

Thérapie humaine « cognitive » de déconnuisance active, appliquée sous Force Comique pour rétablir le bon usage de la raison, sans démons.

Démocrite :
Joyeux grec célèbre, sans doute barbu-poilu, premier HOMO RIGOLENS spontané à Abdère. Déguisé par convention en philosophe de la période « Age d'Or », il est passé hilare à la « poste héritée » comme atomichien et chiélosophe de génie. Si Vous êtes un démocrite, alors vous savez « que les dieux », [s'il y en a], ont « créé le monde en riant ».

Donation sous rire :
Transmission bienveillante sans contre-partie ni réserve, et sans retour attendu, ici comme dans l'eau de là, ce qui n'est pas clair pour tout le monde.
Elle pourrait avoir été inventée par le premier sapiens, encore conscient, avant la répartition de la pomme en deux quartiers inégaux.

Durable :
Adjectif très snob du « crétin tel qu'on le parle ».
L'adverbe issu est « durablement » idiot.
Le Crétin Durable se développe sans rire, parce que personne n'a compris ce que « durablement » veut dire.

E

Économistes de connuisance :
Économistes de l'Ecole Bargeot Von Bûrn, Président de l'Université de Farewellkeynes, Vallée des SILICONS perdus.
Ils ont tenté de socialiser l'économie mondiale dès 1946. En 2020, Von Bûrn s'exprime toujours dans le Français tardif abscons et encodé des statistiques numériques, révisé à ce jour par les datas de Matata.

Le grand Professeur T. NEUNIEU-PIKETTY, est l'homo economicus retrouvé par Von Bûrn. TNP a fondé une discipline explosive et sévère de politique économique en connuisance sociale moralisatrice, séparée du monde par un philtre magique.
Il a tué **« Le Capital au XXI me siècle »,** en explosant les salauds de riches sur 900 pages, confirmées depuis par mille autres pages d'autorité universitaire épuisante visant l'économie libérale.
TNP théorise pour toujours, la distribution égalitaire de tout ce qu'on a, et du reste qu'on aura plus, sur le sol brûlé de la pauvreté générale. Il n'a, à ce jour, aucune idée sur les moyens qu'il faudrait avoir pour en avoir plus et à nouveau, même et si peu pour tous.
Il veut donc couper la main invisible du marché de ma sœur, qui a déjà cassé la machine à vapeur. Grand Hidalgo de la Cité Bobo et des Paris sans croissance, TNP remplace les cycles de Juglar par les trottinettes à pédales de Kondratiev, sur tous trottoirs municipalisés et dans des rues nettoyées à l'oxygène pur. Les petits épisodes chaleureux de 70 ans de collectivisme l'ont laissé de Marbre Marxiste.
Il est tendance Stalino-Grouchiste rénovée par les amoureux moustachus de Plenel. Faites de ces économistes de Connuisance des gouvernants brillants, pour qu'on comprenne bien la question.

Élémentaire mon cher Bergson :

La mécanique du rire plaquée sur du vivant est élémentaire. La réduction philosophique du Maître s'oppose ainsi au rire de raison. Pour nous, le rire se dispense en rigolant devant la mécanique. C'est tout aussi élémentaire, très cher.

Energie du rire et contrôle de soi :

Étincelle humaine du rire, antérieure au langage. Comme propre de l'homme, le rire est son énergie de gai savoir et de discernement.

Empathie :
Mot valise « tendance » pour dire « bienveillance », en compliquant connement l'affaire.

Enquêtes et sondages :
Words, words, words des questions sans réponses. Ils sont de plus en plus administrés en réseaux, depuis l'expansion de la communication à boites virtuelles.
L'invention de la méthode est malodorante et antique. Elle est née des sondages en édicules pratiqués à Rome, sous Vespasien, il y a 2 000 ans. Les enquêtes du Sénat portaient en ce temps sur les effets des débits urinaires de la plèbe, notés en nombre de noyades de mouches dues aux jets en zigzags des spectateurs des arènes.
Les « datas » des enquêtes relevées par le Sénat faisaient la « une » quotidienne des « rouleaux » de parchemins de « Mediapartum ». Selon E. Plenelus, Rédac. chef et Gros niqueur de la rubrique FaKa Maxima, des patriciens fraudeurs, déguisés en esclaves pissaient tous exprès droit sur l'ardoise pour tuer les mouches de la plèbe.
65% des sondages plus un, auraient ainsi révélé la mort des pauvres insectes, tués au vol dans un vaste complot de riches, porteurs des sandales de la luxure.
Aujourd'hui les sondages prospèrent plus tranquillement, et sans erreurs, comme on le sait.

Estime de soie :
Auto satisfaction véreuse et vénéneuse du connard agelaste qui aime parader en pyjama chinois, ce qui vaut pour tous les éleveurs H de bombe-X.

Eutrapélie :
Disposition savante à être gai, pour rester dans le juste milieu. Les Homo Rigolens n'utiliseront plus ce mot curieux, mais on y pensera en grattant son crâne.

Évolutionnisme :
Mouvement aléatoire non pendulaire, dans une expansion indéterministe. Après Darwin, on reste quand même perplexe, perdu dans la semoule du pédalo de Foucault. L'évolution serait finalement une affaire de seuils, relevant d'une homéostasie générale, plus mystérieuse que la boule de gomme (voir le prologue rassurant du DICOMIC).

Eveil hindou :
Selon le sage indien Ramana Maharshi, le rieur est un éveillé dans la vérité de ses favoris vitaux : la poudre à canon, la paille, le bois vert, et la terre humide !
Qui comprend mal cet état se réveille hindur, sans sa raison pure, avec son poi-chiche.

F

Fanatisme :
Voir Voltaire, dont la pile ne s'use jamais, pour la définition du mot dans son admirable dictionnaire philosophique.
Ici, plus modestement nous disons que le fanatisme est une Connuisance absolue sans aucun rire, ni raison, au nom d'un imaginaire virtuel. Synonymes : Inquisition, terrorisme, folie théocratique, lapidation, torture, silence de plomb, science sans conscience, sectarisme, racisme, dogmatisme, arbitraire.
Il n'y a pas de limite à la liste des horreurs du fanatisme.

Femmes de lumières :
Sapiensettes « irremplaçables », elles sont investies du rire des origines. Elles mettent au monde le rire sacré des humains. Femmes d'humour et de raison, elles sont libres de toute domination.

Féminicide :
Crime absolu contre l'humanité toute entière.

Freud Rigolens :
Premier médecin barbu plongeur en « moi » profond, anthropologue grimpeur du nous, du ça et des surmoi.
Il a de plus relevé l'art du rire intelligent de l'homme. Pour notre conscience, qu'il a située dans le « Witz Krieg » de la langue de Goethe, son analyse du rire éclaira l'énergie qui nous pousse en avant.
Son ennemi juré reste le Maître philosophe vénéré ONFRAY, qui devrait rire plus souvent.

G

Gaieté du savoir :
Sagesse jubilatoire à la main de tous, posée sur le Gai Ridon.

Gouvernant rirocrate :
Dirigeant public ou privé, qui fait appel au rire dans l'exercice d'un pouvoir meilleur, et moins menteur.

H

Hacker :
Voyou illettré sommaire, mais virtuose numérique, prêt à tout pour arnaquer les gogos, en particulier les « infirmatiques » démunis. Il a hérité de la violence des barbares des anciens siècles obscurs. Il ne rit que de vous, quand il vous a eu au dernier bitcoin.
Synonyme : geek galeux, enfumeur électronique, gafameux.

Homo sapiens :
Espèce d'hominidés primates qui se croyait unique en son genre masculin. Or cette espèce est mixte et bricolée depuis 50 000 ans dans une évolution erratique.
Pas sapiens du tout, depuis son croisement avec le Néant-d'Erthal, le chasseur cueilleur- querelleur, disparu, le sujet souffre d'une intelligence sans grand jugement.
Pour devenir sapiens, l'espèce a inventé la médisance, après le cancanage guttural, et la concupiscence pour sa vanité, et ainsi la grande connuisance qui fait mal.
Son agilité technique est sans limites, et maintenant il se rêve HOMO DEUS.
La dame Sapiens, nommée par certains « Jocondia » est moins nuisible, parce que plus avisée. Mais elle fut réduite au service du mâle et des autorités il y a 12 000 ans environ.
On ne sait comment sortir de cette connerie majeure. Injustice absurde, sauf en rigolant.
L'état actuel des Sapiens des deux genres est connu comme rieur pour raisonner, depuis Rabelais.
C'est maintenant la seule chance de l'humanité.

A la recherche de la vérité pour la sagesse qu'on ne trouve jamais, l'espèce a en effet vu la vanité de ses fragiles triomphes dans l'imaginaire, les croyances et la science, et de tout savoir qui n'est pas gai.
La sapiensette, avec son rire sacré, a compris la première qu'il fallait en gélosopher à gorge déployée dès que possible. Elle a su que l'équilibre des choses viendrait alors un jour sans domination en général et du mâle en particulier.
Le rire n'étant pas que le propre de l'homme mâle, elle a saisi sa chance en Joconde libre, chez Vinci, Léonard l'alchimiste en 1535. Sur une demande mystérieuse, Léonard aux deux genres, sublima en effet une Dame renaissante dans un sourire éveillant tous les rigolens.

Humanisme :
Rêve de bonheur bienveillant exprimé pour l'Europe à Florence, après des temps obscurs, et perdu de vue au XX siècle à Berlin.
L'Europe n'a pas engendré la civilisation nouvelle promise par les humanistes contre les barbares.
La Weltanschauung, portrait d'un projet bien élevé, a été décrochée par Hitler et Mussolini, comiques troupiers, de la force tragique. Mais Georges Minois dit quand même : « il n'est rien qu'un humour intelligent ne puisse résoudre en éclat de rire, pas même le néant »

I

Inégalité « fixe » :
Machine intello-bobo « brevetée Picketty » inventée pour remplacer l'Economie Politique par une table de la Loi rigide, sociale, et statistique de redistribution pointilleuse au garde à vous. A la prédation abusive, en effet condamnable, succéderait une manipulation mécanique dirigée sous logarithme des ressources et des produits.

Il faudra tout partager au poilième, y compris le virtuel, qui servira au contrôle oligarchique des gouvernants répartiteurs.

Lettre unique en **J**

Jarconisme :
Langage vilain du crétin tel qu'on le parle sous influence transhumaniste. Sans humour, « il sait tout » et ne dit rien de bon.

Lettre unique en **K**

Y a pas de K ici, sauf les deux K komiques de KafKa, ce qui fait rire jaune dans un château rouge de connerie verte.

Lettre unique en **L**

Loose-tic de ouf :
Bouffon secoué de mauvais rire, piqué aux jeux éducatifs pervers. Farceur « populaire » il a hérité la connuisance des anciens méchants fous des rois pour faire la loi dans les cours des miracles fermées. Il est bien « Niké » dans les cités, capuchonné et armé sous sa casquette à l'envers de télé réalité.
Il se croit surhomme des consoles numériques, et de tous les i phones machins du point G, tombés des culs des camions, qui font ses affaires en bitcoins pourris.
Il est en tournante inculte et permanente avec sa BMW série 7 empruntée, et range la came de son arbre dans le frigo de sa mémé.
Le loose-tic ouf Bac NTM **-7,** a un cerveau très augmenté, et des tongues pourries qui puent le petit chef.

M

Méchiant, ou malveilleur :

Le méchiant est un abuseur chronique, c'est à dire un con régulier qui ne s'ignore pas. Il jouit de ses méfaits sans rire, en société comme en privé. Dans son Dictionnaire philosophique, Voltaire le voyait encore rare, et écrivait : « Il n'y a donc infiniment moins de mal sur terre qu'on ne dit et qu'on ne croit, il y en a encore trop sans doute ». Voltaire estimait alors « qu'un homme sur mille est méchant », ce qui était, hélas à la fois Candide et optimiste.

Il pensait que l'homme malveillant peut être régénéré par l'éducation.

N

Numéricratie ou numéricrassie :

Dictature tyrannique des algorithmes, indéterministes et inrisibles.

O

Oisif rigolens :

Homo rigolens qui ne vit plus d'occupation contrainte, libre de raisonner par gai savoir sans travailler.

P

Psychothérapies du rire et de la raison :

Ensemble des pratiques cognitives de la raison pour sapiens rigolens. Le gai savoir des rirapeutes a été relié aux zones du cerveau stimulées par le dialogue.

Synonymes : Gélothérapies de dialogue déconnologique.

Pataphysique :
Méta-science-ressource pour déconstruire la connuisance et pour reconstruire la bienveillance du haut, même si rien ne va plus au royaume d'UBU.

Pessimiste ordinaire :
Triste sire de mauvais augure, en guerre permanente contre tout. Le pessimiste ordinaire ne déconnosophe jamais et ignore tout de la force comique. Il prend la connerie qui nuit pour une fatalité irrésistible, et sa vessie est une lanterne. Alors il se brûle, comme Pierre Dac se plaisait déjà à le signaler.

Prédation abusive :
Pléonasme calamiteux qui incite à tout s'approprier par excès de narcissisme, en abusant de son positionnement pervers.
Synonyme : Loi du plus fort, la meilleure, sans rigoler. Revendication des analystes transactionnels bobos non bonobos : Moi OK, Toi pas OK, mais toi plumé.

Lettre unique en **Q**

QI, qui cuit :
Indice de libido intello, pour surclasser ses semblables. A plus de 100 en niveau, on fait péter la marmite, et on est décoré par la patrouille. Mais « Quand passent les six cognes », il n'y a plus de QI QUI qui tienne. A 160 QI, le surhomme augmenté fait cui-cui sans se sentir pisser.

R

Réalité virtuelle :

Connerie artificielle de programmation aggravée incontrôlable. Tous les crétins tendance sont contents d'y entrer sans rire, et d'y prospérer sans raisonner.

Rire malin :

Etat d'équilibre « **Le parti de l'esprit** » pour discerner en rigolant. Principe gélosophique, qui rallie les rieurs de raison.

Lettre unique en **S**

Systèmes Alacon :

Sociétés de déraisons collectives, sans rieurs. Elles gouvernent encore la majorité des cités de la planète.

Déclinaisons homonymes : Tyrannies, théocraties, oligarchies, ploutocraties, népotismocraties, castocraties, sectocraties, machocraties et démocratures abusives.

Lettre unique en **T**

Trans-humanisme :

Mot valise de l'Humanisme dépassé, dont les abus de science prétentieuse promettent l'avènement des surhommes.

Synonyme grossier : Science à Raymond.

U

Utopies de chimères :
Iles de rêve pour tenter d'être heureux dans une vérité abstraite. Les Iles Suicidaires sont des dystopies de connuisances, ou UTOPIRES.

Uzumé :
Au Japon, comme ailleurs : Déesse unique de la création qui rigole. Régnante et ravissante, elle a créé l'humour et la raison du soleil levant. Elle ne dort qu'avec les rieurs qui l'adorent. Son rire féminin est sacré. La raison de son hilarité féconde l'humanité en gai savoir.

V, pour un mot unique

Vis Comica :
Force comique, énergie comique, pour la raison sans déesse. Le premier moyen des victoires contre la connuisance. Elle fait des Homo Rigolens « irremplaçables ».

Lettres **W** de Wacon, **Y** de Yapacon et **Z** de Zutiste :

Les trois lettres finales du DICOMIC ferment la marche du savoir rire gélosophique. Elles sont taguées au mur des pas-cons de l'art Rigolens, par tous les **Z**utistes, **W**agonnistes, et **Y**apaconnistes, adhérents du POUIC, le Parti Ouvert Unique de l'Intelligence Comique Réelle.

Fin du Dicomic.

Si Interro, on verra bien qui rira vendredi.

Lettre à Georges Minois

A un chroniqueur très insigne, pour sa grande « l'Histoire du rire et de la dérision »

Cher Monsieur Minois,

Nous « mourrons de nos éclats de rire » passés, si nous ne retrouvons pas leur sens pour le futur.
Votre histoire nous livre une lecture fine de la force comique menacée. Votre ultime constat est qu'au XXème siècle, le rire est mort en avance d'une sombre évolution.
Il fut probablement victime de la connuisance technique en expansion, que nous pourchassons ici.
La connerie des surhommes se construit d'âge en âge. Maintenant elle nuit gravement à tous, comme à la planète.
Se soustraire à la raison du rire, à sa vertu de distanciation, c'est renoncer à créer une société bienveillante avec humour.
Personne ne peut vouloir cette « fin de l'histoire », et vous écrivez : « l'homme n'a pas fini son évolution ; s'il veut survivre, il lui faudra s'adapter » ...

Cette lettre, est une dive bouteille lancée en mer vers votre rive d'humoriste. Nous avons envie du « rire d'intelligence » que vous espérez. Rire paraît essentiel pour réguler notre folie. « Ô vous, hommes supérieurs, apprenez donc à rire », disait Nietzsche.

Cher Monsieur Minois, les sapiens rigolens, vous prient de vous joindre à eux pour rire vers la raison.

Sined, rieur à l'essai.

Lettre à Philippe Arnaud

Cher Philippe Arnaud,

Cher observateur déclaré du **Rire des philosophes,**

Je ne crois pas en effet que la philosophie ait à sombrer dans le sérieux. Mais les nombreux philosophes que vous avez choisis dans votre galerie n'ont pas vraiment ri, ou n'ont pas trouvé les raisons de rire attendues pour la raison, sauf deux d'entre eux, Diogène et Diderot.

Ainsi vos philosophes sont en général des hommes agélastes. En fait, « le rire des philosophes » leur échappe, tant il est vrai qu'à chercher la sagesse sans la trouver, ils ne l'ont pas vue rire.
Finalement vous le concédez quand vous écrivez : « les philosophes ne rient pas souvent ». En cela, « ils n'ont pas raison », car de tous les temps « il vaut mieux rire pour ne pas pleurer ». Mais vous n'avez pas cité Rabelais comme philosophe.

La sagesse reste pourtant un bon sujet comique, avec l'éclat de rire pour discerner. Votre Michel Foucault voulait que « le rire philosophique soit silencieux ». Alors ça, c'était très abscons, comme une fumée Trotskiste en boite de Pandore. Le rire est plaisant, et fort, voilà tout. Il est rarement discret sous cape. La philosophie mourra d'un rire trop discret.

Ce qui semble manquer à votre histoire de philosophes mâles qui devraient rire, c'est Voltaire, que vous ne citez pas, et ensuite, les femmes au gai savoir. Voltaire, fut pourtant l'homo rigolens des lumières, entre le rire et la raison. Quant aux dames, votre essai ne commente que la belle âme d'Hannah Arendt, avec son humour en dérision comique et poignante au sujet du monstre Eichman. Mais à regret on voit Hannah, dans votre essai, à quelques pages de son ex-amant, ce Heidegger nazi dominant, classé par vous dans les grands philosophes du rire.

Je proposerais de voyager plus léger, avec Madame Grasselli Meier, pour sa contribution sur « le rire sacré des femmes », ou avec Madame Nelly Quemener, pour son essai sur « le pouvoir de l'humour ».

Respectueusement, pour en débattre.

Sined ex-apprenti Φ 1959.

A Michèle-Michelle

On ne ferme jamais.

Ma lettre pour vous redire que les plus « irremplaçables » pour changer l'ordre étrange des choses sont les vraies dames sapiens, au rire gélosophe, depuis au moins 50 000 ans.

Les hommes ont choisi d'ignorer leur gai savoir de discernement pendant les derniers 12 000 ans, mais c'est fini, car, par talent, les sirènes ont bien passé ce temps.

Michèle Michelle, il reste tant de ciel dans vos yeux, faites encore un effort pour aider à la mise au monde des RIGOLENS aux deux genres. Soyez à votre place chez toutes les coccinelles, Beatles de la Cité.

C'est en 1965, année faste sous votre prénom, que leur chanson a annoncé tout ça. Mais pour rire avec discernement, il y a encore à faire.

Ulysse l'aurait dit, pas Teddy :
« these are words that go together well »

Lettre aux Hubert

Cher HUBERT REEVES,

Cette lettre vous propose d'entrer dans ce blog, pour faire jubiler notre raison sur tous les rivages.

Passer le seuil d'inconscience de cette civilisation technique, est votre gai savoir, pour une construction à terminer ?
Nous voulons comme vous faire les nouvelles « frontières de l'humain » en progrès, sans transgresser notre nature. Il faut aller plus loin dans un projet de nouvel ordre étrange des choses.

Chaque nouvelle étape technique a fait l'affaire de la loi du plus fort en sur-prédation. Si bien qu'à la fin « des 30 dernières glorieuses de sciences », la connuisance Folamour, a fait tomber Charlot.
C'est la science sans conscience et sans rire qu'il faut maintenant faire tomber.

Les abus futurs du transhumanisme ne font pas rire du tout. Il faut en débattre avec les beaux esprits. Mais chacun peut voir que l'être le plus menaçant de l'univers reste l'homme, en sa capacité de nuire par des technologies incontrôlables.

L'intelligence artificielle ne doit pas être le singulier cadeau que l'homme supérieur fait à l'autre, asservi et inutile.
Il est minuit moins une, cher Mr REEVES, on doit gagner avec votre pensée : « l'Éveil' du rire de raison est le seul arbitre possible contre nos abus de sciences et d'automatisation vers le chaos technique. Or nous sommes dans un temps critique nombriliste et sans humour. Votre approche jubilatoire est donc la seule possible.

Chers jeunes amis d'Hubert,
Le Rire, conscient, créatif et collectif est votre capital de curiosité pour une fin de l'inhumanité du fait des humains. Mais le saurez-vous, si vous ne riez pas sous vos dents de loups ?
Arrêtez de faire sérieux.
Il faut que vous vous éleviez d'un cran aux « irremplaçables » du gai savoir. Il faut inventer ce nouvel ordre étrange au-dessus du trans-machin.
La force comique est un levier.
Discerner l'avenir, c'est savoir où il passera.
Ne vous laissez pas hypnotiser dans la technologie de vos ordis.

**Seriez-vous sans rire un « gamer »
addict sans rire de la geekindustrie?**

Non, si votre gai savoir ne se perd pas dans les logarithmes indéterministes de Big Brother, Non, si vous pouvez créer une culture claire et commune de neuro sagesse.

Pour un monde repartant du cerveau sans augmentation, nous vous proposons deux auteurs :
– 2010 – Jeremy RIFKIN – allocution sur la civilisation empathique-British Royal Society.
Au centre de cette communication « durable » on identifie un bijou de pertinence sur l'état de conscience psychologique du XXIe siècle, reliable à une raison sociétale juvénile.
L'intelligence du rire est la vision qui se tient au service des civilisés nouveaux.
– 2016 – Idriss ABERKANE – Libérez votre cerveau - Robert Laffont.
L'auteur présente un Système éducatif à construire de la base au sommet dans une neuroergonomie raisonnée. Fondé sur l'enseignement du jeu, ce projet nous éviterait les risques des conneries incontrôlables du transhumanisme. Le nouvel ordre de l'école, du travail et de la société, dont nous devrons de toutes façons nous accommoder serait acceptable, si la vraie science reste

toujours « une ignorance qui se sait ». Pour faire circuler la connaissance du cerveau, il faut la rendre délicieuse ». *

Chers jeunes amis,
Soyez par ailleurs mortellement vigilants sur les travaux de **« l'université de la singularité » - édition 2014 et suivantes** à Amsterdam.
Les experts rigides et sévères de cette dystopie pensent asservir tous les cerveaux. S'ils prospèrent, ils conduiront leur homme singulier vers un état de primate hybride augmenté d'un pouvoir dangereux et mal fini, en mutation d'immortalité imparfaite. Cette trans science de manipulation ferait un nouvel ordre des choses et du monde, sans aucun rire de raison, sans aucun repère éthique. Mais dressez aussi toutes vos forces de rire contre les « machines spirituelles » à la Google, la mort à vaincre, le Hardware pour télécharger votre moi où qu'il soit, ou votre inconscient bricolé. Aller habiter dans des extra mondes est un rêve des puissants nouveaux.
Cher Monsieur REEVES, chers Hubert et jeunes amis,
Nous sommes pour votre jubilation, dans un monde, où prendre n'ira pas sans donner, et où la science ne sera jamais la ruine de l'homme qui rigole.

IN HOMO VERITAS

* évitez quand même le point de vue d'Idriss sur la neurorergonomie de la sexualité, qui échappe manifestement à sa compétence actuelle.

URR, Cité des Rieurs et Rieuses de Raison.

RIT BIEN QUI RIT POUR PENSER

La Cité d'URR est l'**U**nion des Rigolens de tous les sexes. Ils dézinguent chaque jour la connerie qui nuit. La force comique est leur propre et leur commun pour raisonner loin.

Les Citoyens d'URR sont les Urricrates, rirocrates et démocrates.
Les d'Urr et les d'Hurrites, votent dès leur entrée dans la cité.
Ils sont tous éligibles pour gouverner, de 7 ans à 117 ans.
Les élus et élues forment le Parlement des rieurs.

Au fronton du Parlement des Rigolens, on lit ces mots académiques :

« Ne monte pas au mur d'Urr, si tu es mou ».

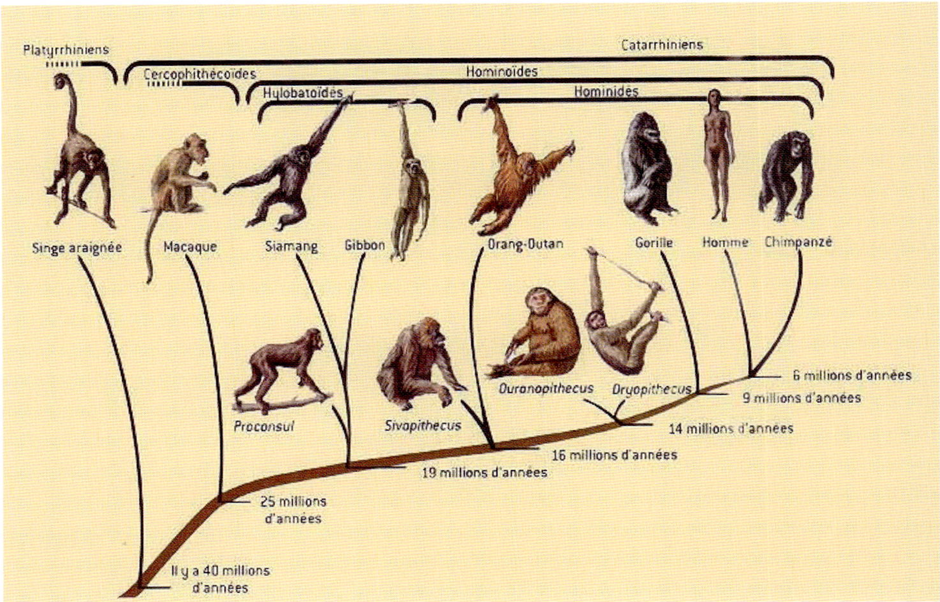

Dernier chapitre, personne ne descend !

Pour grimper au tableau de l'évolution, le citoyen rigolens est sans maître, et sans esclaves, sans haine, sans dérision.

Au sommet du mur, il pense droit, rit droit, pisse droit, et raisonne clairement.

Le ciel ne tombera pas sur sa tête.

Il a trouvé un nouvel ordre des choses, équilibré entre prendre et donner.

Les d'URR pensent tous qu'il n'y aura pas de transhumanisme possible hors du gai savoir. Quand la force comique remplit le plein du vide, le vide du plein est visible.

Daniel Quinn, chercheur sensé dans le chaos du monde actuel, questionne notre fin absurde possible, en parlant à son professeur, le gorille **ISHMAËL,** dans une éventualité terrifiante.

L'homme une fois disparu, y aura-t-il un espoir pour le gorille ? - Editions Anne Carrière - 1997.

Son conte philosophique essaie de prévoir ce qui arriverait si nous restions en désunion de prédation compétitive, en continuant de prendre abusivement sans donner. Alors l'extinction de notre espèce surviendrait bientôt, sans aucun rire.

Le Gorille de Mr Quinn serait à son tour sans espoir de survie, son enseignement de gai savoir devenant désormais sans objet et sans sujet.

Freddy – le Doc Viennois, nous l'avait déjà dit avant de fuir les nazis : « Nous paierons trop cher le privilège d'être devenus des dieux inhumains par la puissance, avant d'avoir mérité d'être des hommes par la sagesse ».

Pierre Dac, fondateur illustre du « parti du rire », en agitant le **N° 48 de l'os à moelle du 7 avril 1939** disait en plein chaos :
« L'humour assurera la paix et la tranquillité ». Mais c'est pas fait, alors, Inscrivez-vous au nouveau « Parti du rire » de ce blog. Soyez des **« Tis »** bienveillants, et pas des **« Yeuhs »** perdants.

La force comique au pouvoir d'URR, fera votre art de vivre.
Au Parti, les femmes sont à égalité de pouvoir. Elles ne se laisseront jamais impressionner par les mâles prétendants.
Suivez leur Assemblée Constituante :

Constituante de la Joconde d'URR

Urrticle 1 et indivisible :

Sur la planète terre aux 196 tribus, la Connerie qui nuit sera pourchassée par tous les Rigolens urbi et orbi, et même aussi sur les réseaux sociaux pourris.

Urrrticle 2

Le rire, Bien public pour la raison et pour l'intelligence, sera construit à égalité de discernement entre « tous les sexes », hommes, femmes, enfants, et incertains.

Urrticle 3

Pour la régulation des désordres de la prédation, le pouvoir de la science au gai savoir sera exercé conjointement entre élus a parité au Parlement. La Science sera soumise à sa gouvernance dans le monde entier. Un Homo Rigolens et une Dame Rigolens exerceront une délégation de gouvernance par cooptation.

La délégation sera renouvelée de 7 ans en 7 ans en assemblée, sauf hasard de la route.

Urrticle 4

La science sans rire est déclarée « grande connuisance » et ruine des âmes. Tout connuisé, sur simple déclaration, sera garanti contre les dommages causés par les abus de connuisance.

Urrticle pénultième :

La Constituante d'URR établit les statuts de la cité, comme il suit, avec le grand consentement des hommes.

http://www.google.fr/url?Fvivre_en_societe

STATUTS D'URR

Les deux sages rédacteurs – Bonobota et Montesquiou les ont ainsi écrits, exténués par leur génie.

1 URR :

URR, UNION DU RIRE POUR LA RAISON est une association sans aucun but lucratif, pour la régulation du chaos par le gai savoir. Elle est régie par les présents statuts, accessoirement par les articles 60 et suivants du Code civil suisse, que tout le monde ignore et apprécie, depuis Guillaume Tell, résistant démocrate à la pomme d'Empire.

URR est indépendante d'oreilles, sans aucun attachement de croyance, idéologique ou politique.

2 Siège en bois d'URR :

Le siège social de l'association est au Port du Nombre d'Or, sous le pont du Rhône, Lac de Genève, à GENÈVE, CANTON.

3 Durée de l'association :

La durée de l'association est Indéterminée, car indéterminable.

4 Objet du rire :

L'association a pour objet de développer la force comique de la conscience universelle et son « gai savoir », en tous lieux afin de créer un Art de vivre léger.
Elle fera tous efforts pour calmer les connuisances abusives, et réparer ou faire réparer les conséquences qui peuvent en résulter.

5 Tirage annuel :

L'association établira chaque année la liste des connuisances majeures relevant de sa mission pour l'exercice, et dressera la liste des auteurs-sur prédateurs à contourner. Ses recommandations et plans d'actions du rire pour la raison seront ajoutées à celle-ci.

6 Ressources :

Les ressources de l'association proviennent uniquement :

- des cotisations versées par les membres, s'ils le veulent,
- des subventions privées et du parrainage privé sans contre parties, s'il en est,
- des dons et legs désintéressés, sans retours attendus, ou conflits d'intérêt,
- des autres ressources non publiques autorisées par la loi ,
- des amendes et indemnités prononcées pour cause de connuisance.

L'Union d'URR pourra en outre, sans aucune dépendance :
– prendre ou faire prendre partiellement toutes participations productives dans les secteurs marchands reliés à son objet,
– donner conseils et assistances urbi et orbi, même en catimini.

7 Patrimoine de l'Union :

Le patrimoine de l'association répond seul des, et aux engagements contractés en son nom.

Tout engagement personnel des membres est exclu, car ils sont joyeusement réputés irresponsables ad vitam, et même ad aeternam.

8 Membres associés d'URR et pas mous :

Pour être membre de l'association, il faut déclarer fermement son attachement aux buts et missions de l'association, et y apporter sa part active sans mollir.
Comme tous les bons Potes a' Conf d'URR, peut prétendre à la qualité de membres d'URR :
Toute personne physique majeure capable ou mineure autorisée, toute personne morale jouissant de son autonomie totale.

L'association est composée de :

- membres fondateurs,
- membres associés actifs, lecteurs et commentateurs du blog Homo Rigolens,

- membres sachants, faisant état d'un intérêt utile pour le rire et la raison,
- membres d'honneur aux bras très longs.

Les demandes d'adhésion sont adressées au Comité des membres fondateurs et membres élus.
Le Comité vérifie la qualité des demandes, et admet les nouveaux membres, sous réserve de leur ratification par l'assemblée.

La qualité de membre d'URR se perd :
- par le décès, ou l'incapacité notoire,
- par la démission adressée par courriel au Comité du blog, *1 mois au moins avant la fin de l'exercice en cours,*
- par l'exclusion prononcée par le Comité pour de « justes motifs », avec un droit de recours devant l'assemblée.

Le délai de recours contre la décision du Comité est de 30 jours, dès la notification de la décision.

Dans tous les cas, le paiement de la cotisation de l'année en cours, bien qu'exigible, ne sera pas exigé.
Les membres exclus ou démissionnaires n'ont aucun droit à un avoir social quelconque, matériel, immatériel, intellectuel ou moral.

9 Organique des pouvoirs :

Les organes orgasmiques de l'association sont, si tout va bien :
- L'Assemblée Générale de l'association, Parlement de la Cité, parfois nommé : Académie des Uuricrates,

- Le Comité de l'association, ou Comité du blog Homo Rigolens, qui comprend les membres fondateurs, les rédacteurs-administrateurs de ses articles et pages, et les membres élus par le Conseil.
- Le Comité ainsi désigné constitue le Bureau de l'association. Il est aussi et parfois dénommé Conférence.
- Le Conseil d'administration, élu pour deux années par l'assemblée. Il établit en son sein le Bureau.
- Le président du Bureau, coopté par ses membres, est le Président statutaire de l'association,
- L'Organe de contrôle des comptes, qui est la personne du Trésorier, désignée parmi les membres du Bureau,
- Tous autres organes décidés par l'assemblée, sous la condition de leur légalité et de leur rattachement par nature ou par accessoire à l'objet social.

10 Gouvernance :

Les pouvoirs sont organisés et désorganisés ainsi qu'il suit : L'ASSEMBLÉE générale des Urricrates, parlement de la Cité, est le pouvoir de gouvernance de l'association. Il est responsable de tout, jamais de rien, et notamment il répond de l'accomplissement de l'objet associatif.

L'Assemblée délibérante est composée des membres à jour dans leurs cotisations, exigibles si elles sont demandées par le Président. Elle se réunit au moins une fois par an en session ordinaire. Elle peut aussi se réunir en session extraordinaire, chaque fois que nécessaire, à la demande du Comité, ou du Président, ou du tiers des membres adhérents à jour de leurs cotisations. La qualité de membre fondateur est cumulable avec celle de membre du Comité.

L'assemblée générale est valablement constituée quel que soit le nombre des membres présents. Les membres de l'association sont informés par écrit, courrier ou courriel électronique, ou par fax, de la date de l'assemblée, au moins 4 semaines à l'avance.

L'information, est donnée par le Président, en son absence par les autres membres du Comité. Les initiateurs de la convocation mentionnent le projet de l'ordre du jour, et délivrent un formulaire de pouvoir de représentation et de vote, en cas de représentation des convoqués.

- L'assemblée générale des Uurricrates, en session ordinaire :

- se prononce sur l'admission ou l'exclusion des membres du Conseil
- élit les membres du Conseil, qui désigneront en son sein le ou la Présidente, et le Comité, selon les modalités qu'il retiendra.
- prend connaissance des rapports et des comptes de l'exercice,
- décide de leur approbation par un vote à main levée,
- approuve le budget annuel,
- contrôle l'activité des autres organes nommés par elle, qu'elle peut révoquer pour juste motif,
- nomme les vérificateurs externes aux comptes, si elle décide de cette modalité,
- fixe le montant des cotisations annuelles,
- statue sur les autres points de l'ordre du jour, qu'elle arrête définitivement en toute séance.

- L'assemblée générale en session extraordinaire :

- statue sur les points de l'ordre du jour formulés à titre exceptionnel,
- décide de toute modification des statuts,
- décide de la dissolution de l'association.

- Les assemblées sont présidées par le Président,
et en son absence pour une raison quelconque, par un membre présent élu de l'association, désigné par le Comité.
Il disposera alors des prérogatives du Président.

Les décisions de l'Assemblée ordinaires sont prises à la majorité simple des voix des membres présents ou représentés. En cas d'égalité de voix, celle du président ou du vice-président qui le remplace compte double. Les décisions des assemblées générales extraordinaires ne peuvent être prises qu'à la majorité des deux tiers des membres présents ou représentés.

Les votations ont lieu en principe à main levée, ou à défaut par courriel. Toutefois à la demande de cinq membres au moins présents dans l'assemblée, elles auront lieu au scrutin secret par courrier ou courriel.

- L'ordre ou désordre du jour de chaque assemblée générale ordinaire annuelle comprend en principe :

- le procès verbal de la dernière assemblée générale, pour approbation,
- le rapport du Comité dressé par la Président,
- les rapports de trésorerie et de l'organe extérieur de contrôle des comptes désigné, les comptes de gestion et le bilan, la liste éventuelle des engagements hors bilan,
- le projet d'approbation des rapports de gestion,
- la fixation des cotisations,
- les propositions de points d'ordre du jour,
- si possible le projet de résolutions,
- le projet de budget, pour approbation,
- les candidatures au Conseil et au Comité,

- La durée du mandat des membres du Conseil est de deux ans, renouvelables trois fois.

Le Conseil se réunit autant de fois que les affaires de l'association l'exigent.

Le Président a les pouvoirs les plus étendus pour la gestion de l'association.

Le conseil se compose au minimum de 3 membres, et au maximum de 9 membres, élus par l'assemblée générale, ce nombre étant fixé par elle pour chaque exercice.

- Le Président :

- Propose la stratégie de l'association dans le cadre de la vision définie par l'objet social,
- établit les plans d'action, fixe les objectifs et les moyens,
- prend toutes mesures pour les atteindre après approbation de l'assemblée générale,
- dirige les affaires courantes et les opérations, contrôle les résultats,
- convoque les assemblées,
- prend les décisions relatives à l'admission et au retrait des membres sous réserve de leur ratification par l'assemblée selon les termes des statuts,
- veille à l'application des statuts, à la rédaction des règlements intérieurs qu'il jugera nécessaire à la marche de l'association,
- administre les biens et engagements de l'association.

Les membres du Conseil et du Comité sont bénévoles. Ils peuvent demander le remboursement de leurs frais de déplacement justifiés, dans la limite qui plaira à l'assemblée générale.

Si d'éventuels jetons de présence venaient à être fixés par l'assemblée pour un exercice donné, ceux-ci ne pourraient excéder un multiple égal à 2 fois la cotisation annuelle d'un membre actif.

Les membres du comité ne peuvent recevoir de l'association aucun dédommagement, ou aucun avantage en valeur du fait de leur activité, même exceptionnelle, même indirecte.

11 Dispositions diverses et non avariées :

– L'exercice social commence le premier janvier et se termine le 31 décembre de chaque année. En cas d'exercice incomplet, le temps partiel de l'exercice est ajouté à l'exercice civil complet qui suit immédiatement.

– L'association est valablement engagée par la signature du Président, en son absence par un membre du Comité muni d'un pouvoir.

– Pour tous engagements financiers d'ouverture de comptes, et de souscription quelconque créant des obligations à charge de l'association, la signature conjointe du président et d'un membre du Comité est requise.

– La gestion des comptes de l'association est confiée à la fonction élue d'un Trésorier interne de l'association.

12 Dispositions particulières et non calamiteuses :

En cas de dissolution de l'association, l'actif disponible sera entièrement attribué à une institution poursuivant un but d'intérêt général analogue à celui de l'association et bénéficiant de l'exonération de l'impôt.

En aucun cas les biens ne pourront retourner aux fondateurs personnes physiques, et aux membres, ni être utilisés à leur profit en tout ou partie et de quelque manière que cela soit.

Le/ Comité des membres fondateurs de l'association,

Les présents statuts ont été adoptés par l'assemblée Générale constitutive du.........à Genève.

Pour et au nom de l'association, le déposant autorisé et Président autoproclamé,

En date du.............

Sur le pouvoir politique et le rire, voir. oSmSM_gpQA

Avis de recherche

L'œil de MOMUS recherche des rirocrates pas mous, candidats à la députation du Parlement d'URR

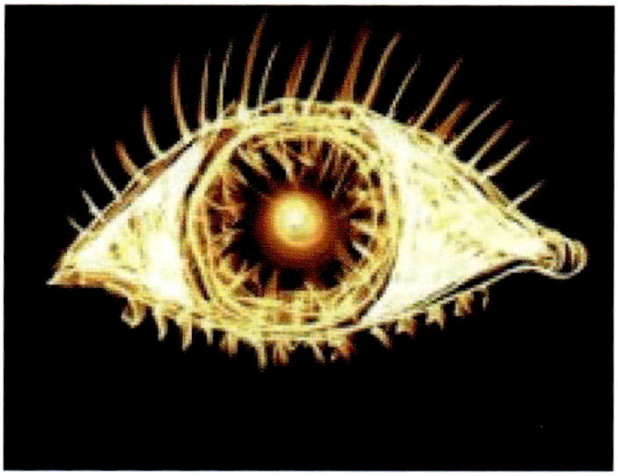

Sapiens Rigolens, sapienssettes, et incertains, présentez-vous. Les dames au rire sacré seront bissées aux urnes.

Goualante d'Averroès pour les d'URRITES. Abü Al-Walid ibn Ruchd, écrivait à Cordoue en 1126 :

« Le rayonnement des femmes est la chance de l'humanité »
« A mes douces folies,
Aux dames de mon cœur,
Sapiensettes mes sœurs,
Je dis ceci :
V'là l'slam dézingué
D'un vieil'art animé
Contre la connerie
Qui vient, qui nuit.
Sans femmes, Rien de bon,
Tout est prédation.
Rieuses, de l'aube au levant,
Venez au cercle des élus,
Prenez le manche des gouvernants
Votre raison du rire est belle vertu.

Le premier sapiens, sapiens vraiment rigolens est sorti, comme on le sait du nid douillet de la déesse UZUME au Soleil Levant de Cipango.
Comme preuve de discernement comique et cosmique, elle posait aux hommes une question coqu-asse, au péril de leurs vies.

Énigme de l'œuf d'URR D'UZUME

Une poule à pattes noires au petit bain,

Et un coq blanc, au vin fin,

Sont dans la casserole du chaos.

La première voit avec malice chauffer le vin,

Car le coq veut y pondre en mâle idiot.

Si la poule est ivre d'en rire, c'est un œuf d'URR en choc,

Mais qui sauvera ce con de capitaine Cok ?

AVIS de Gouvernés

URR démocratie du rire

Condorcet avait la vision d'une gouvernance démocrate du rire et de la raison.
Il voulait ainsi la libération de tous les, humains, aliénés d'une quelconque manière.
Génie gélosophe, il fut alors une victime désignée par la déesse Raison ancienne et déconnante du méchant Robespierre.
Il a donc payé son gai savoir de sa vie. Avant sa mort exigée par le tyran, comme celle de Socrate à Athènes, sous les oligarques, il a écrit ces mots dans sa prison : « Toute société qui n'est pas éclairée par des philosophes est trompée par des charlatans ». « mais si mieux est impossible, faisons, sans nous irriter contre le destin, tout le bien qu'il est possible de faire, et ne désespérons pas d'en faire même sous un tyran, pourvu qu'il aime la gloire et haïsse la superstition ». Admirable point du vue, mais erreur totale, et fatale car Robespierre, le chef, ne remplissait aucunement le critère d'un tyran possible.
A URR on rira donc sans indulgence, et sans naïveté de tous les tyrans charlatans. Surtout, ils seront écartés de tout pouvoir.

Éthologie du rire au pouvoir.
On pense que le singe bonobo a compris, en primate pensant, que le rire précède tout signe et tout langage, dans toute bande à peu près constituée, dont les intérêts peuvent être communs. Cette posture de

coopération autorise une gouvernance sociale rigolante. L'homme, plus sapiens que le bonobo, parait-il, reste pourtant un compétiteur de prédation qui ne sent pas ses limites. Avant de se résoudre à une coopération indispensable, comme le fait son singe de cousin, il doit apprendre à lâcher sa susceptibilité en rigolant sans arrière-pensée.

Dans la société des bonobos, la connuisance conflictuelle est régulée par le rire, auquel s'ajoute la copulation. Celle-ci clôt sainement la réparation des dégâts de la connerie qui nuit, et efface à peu près les frustrations.
Le fauteur de trouble connuisant offre à sa victime une compensation sexuelle, pour éviter d'être puni de son erreur sociale.
L'éthologie humaine montre que nous pouvons prendre et donner de multiples façons sans engager physiquement notre sexualité. Mais il nous a fallu habiller intellectuellement cette avancée par une formule intelo-théorique :

Alors on a : V o = √ Conn / R*Di

V o, la vacherie résiduelle humaine dominable est égale à la racine carrée de C,
notre connerie nuisible , divisée par R, notre force du rire de discernement.
Pour simplifier : **si tu ris, tu donnes.**
« Le bonheur arrive à ceux qui rient », comme un grand proverbe japonais l'affirme.

Le pouvoir Rigolens s'exerce par les réseaux Pot'A Conf. d'URR.
Les Pot'A Conf. d'Urr sont les les établissements extérieurs à la cité fréquentés par tous.
Ces cercles démantèlent au jour le jour les conneries qui nuisent, là où elles ont été révélées.
L'assistance aux connuisés y est toujours planifiée. Vous voulez abattre les impostures, présentez vos questions et vos solutions dans la cité et dans ses Pot'A Conf.

Des propositions-formules d'**avis de connuisance** sont mis à votre disposition.

Votre avis identifiera la connuisance de votre choix, sous sa bonne question. Puis il vous faudra en éclaireur :
- décider des plans de retour à meilleure fortune,

- préparer les alliances et les soutiens de l'action,
- recruter les agents de force comique compétents pour exécuter le plan
- vérifier les résultats, les faire connaitre.
- faire la fête pour commencer, pendant et pour finir parce que c'est D'URR sans rire.

Nous vous proposons d'utiliser le relevé d'action concis qui suit.

Avis de connuisance.

Dénomination et objet ;

....

Chef de file du projet de déconnuisance, vous, par exemple :

....

Changements envisagés :

....

Parties au changement, discutions, transactions :

....

....

Bénéfices attendus du changement :

....

Dommages collatéraux à accepter :

....

Balance coûts/ avantages attendus :

....

Relances, corrections sur le projet initial :

....

Nom ou Pseudo	contact	qualité	âge d'esprit	genre ou incertain
....	....	....	....	....

Voici le point de vue d'un citoyen d'humour Québécois sur le pouvoir de la force comique.

https://robertaird.wordpress.com/2015/08/30/theories-sur-le-rire-et-l'humour/

La Rirocratie

Larguer la connerie qui nuit au genre humain, est la bonne fin des rirocrates. Sur les places publiques, et dans tous les lieux festifs d'URR leurs actions de primates rigolens feront la raison du rire. Rabelais, Voltaire et Nietzsche sont partis sans avoir terminé leur travail, le saut des consciences du gai savoir se poursuit **dans la Rirocratie.**

Short Sto-ryre :
Après le temps d'Homère (Michel), premier chroniqueur mondial des connuisances faites aux humains, il a fallu barrer la nef des oufs sans rigoler, contre le vent mauvais de chaque époque épique. C'était le plus souvent une histoire tyrannique, parfois anarchique, rarement sympa-comique, sauf chez UBU-ROI.
Pour rompre cette fatalité, la Grèce antique un peu démocratique, un peu magique, vaguement théocratique a inventé la Force Comique du rire et de la raison. Ce fut l'âge d'or de DEMOCRITE. En train ou sur le point d'arranger les bidons. Cela dura 100 ans, puis tomba dans l'oubli. Après 20 siècles de rupture, de plus en plus agélastes, de plus en plus obscurs, nous sommes enfin au port, et à URR.

En cette cité, on peut joindre Rire et Raison. A URR on rit, URRBI ET ORBI, bien mieux qu'en Universalité, Rome – Byzance, ou Constantinople-Istamboul.
Mais l'expansion des fléaux de la déraison est une hydre récidiviste, on donc restera en alerte, en Humourrites, car les **3 démens foligarques nous guettent en déraison.**

On entend leur grinçante prédiction :

L'Horizon zon zon
Est pas tout rond rond rond,
Petit patacon.
L'Homo Deus serait très con,
Sans humour ni raison.

La Rirocratie n'est pas une mythe au logis :
« Il est maintenant l'heure de s'enivrer » au gai savoir de transition. Que le rire, avant l'erreur soit le propre de l'homme, sans loi du plus fort. URR délivre ainsi à chacun son acte de citoyenneté gélosophique.

Considérant que le sapiens sapiens connuisant ne mérite ni le premier ni le deuxième grade de sapiens, et qu'il est fou de la nef,
Considérant qu'il nuit ainsi gravement par son sérieux, à l'humanité comme à la nature, et même au cosmos, en dérivant sans conscience et sans limites,
Considérant que le sapiens pas sapiens ne comprend plus les dangers des conneries les plus avancées de sa technique,
Considérant qu'il prétend agir en chef sur sa planète usurpée,
Considérant que depuis plus de 6 000 ans, ni les droits, ni les morales, ni les philosophies, ni les religions, des « providentiels », n'ont eu d'effets positifs sur la connuisance pandémique de la prédation abusive,

Considérant que les sapiensettes, femmes en général et en particulier, sauront finalement tenir en laisse cette évolution calamiteuse, par le discernement de leur humour *intérieur,* mais considérant qu'elles sont en général maintenues *à l'extérieur* de la gouvernance, étant majoritairement exclues par les mâles appris, des opportunités d'action pour leur gai savoir sacré.
Pour toutes ces considérations con-vergentes, Contre la « Connerivence », Les Rigolens d'URR revendiquent la raison du rire, et le rire pour la raison.*

REJOIGNEZ LES CAR

A URR, la Rirocratie est fondée sur la Force Comique. Fréquentez chaque jour les lieux du Pot'à Conf. à l'heure de s'enivrer de chacun, ou bien tout le temps : Cafés spectacles, théâtres, bistrots, comptoirs, et tous espaces de conversations rirocrates.
Ouvrez-vous sans sésame.

* Connerivence : **selon Alain Créhange, complicité qui pousse certaines personnes à se regrouper pour faire des bêtises ensemble. Dans Le Pornithorynque est-il lustré ? Fage Editions - 2010.**

Sined au doigt d'URR

Le rire se pose

Posez le bien !

Posez le bien ce rire, car un rien nous en éloigne, et si le sérieux des plus forts nous prend de court, nous serons toujours courbés sans comprendre.

Nous cherchons tous des méthodes alibis pour grandir, dans des vérités qui n'existent pas. Nous voulons construire des croyances, des imaginaires, des théories fumeuses que nous inventons de jour en jour, pour nous excuser de prendre sans donner. Ces martingales perverses ont des effets dérivés toxiques.

Toutes propagent le virus agélaste de la connuisance.

Or le sapiens, qui ne voit pas où passera son avenir, selon Mr Marc AUGE, éminent anthropologue, peut toujours en rire, posé pour raisonner juste.

La chance « homéostatique » du rire propre de l'homme, lui donne ce « pouvoir de rire » pour faire mieux.

Si il ne rigole pas, l'homme sera bientôt ce primate technique absurde soumis aux rêves manipulateurs des cerveaux augmentés. Son avenir d'égaré le poussera en voie d'extinction. Bonobota n'y pourra rien, et son ami Montesquiou non plus.

Péril trans.

Un transhumaniste distingué, Mr **Yuval Noah Harriri,** dans sa « **brève histoire de l'avenir »,** nous voit **incapables** de nous sauver. Il nous livre le scénario sombre de ses prévisions, à la Une terrorisante des travaux de Stephan Hawkins.

Mr Laurent Alexandre, chirurgien de plume féconde, neuro biologiste et énarque éminentissime, confirme les spéculations des pessimistes. Il accepte pourtant benoitement les victoires scientifiques les plus audacieuses, sans se prononcer sur leurs effets.

Le sapiens ordinaire n'aura qu'à s'en accommoder, soumis au dominant surhomme, entre intelligence artificielle vitaminée, et intelligence humaine décervelée. Lisez bien Mr Laurent Alexandre, dans **la guerre des intelligences - JC lattes - 2017,** et préparez-vous au pire, qui sera certain, si vous n'êtes pas sélectionnable.

Tous-vainqueurs et vaincus, vous apparaissez menacés. La force comique vous offre de réagir en devenant « irremplaçables », vous qui refusez les abus du triste savoir. La chance des deux complices anciens, rire et raison, est de s'unir enfin pour réguler les désordres étranges de la science sans conscience.

Les robots du transhumanisme sont déjà là pour passer l'aspirateur, et pour nous offrir des machines sexuelles hybrides, mal débridées. Restons en là, c'est déjà trop, et pas d'immortalité, par pitié.

Refroidir le chaos :

Mais il faut faire le ménage à froid de la connuisance accumulée. Il faut appliquer notre force comique aux « **20 défis humains pour la planète »,** que **Jean François Rischard** nous rappelle, « pour y faire face » – **Actes Sud - 2003.**

Ces défis sont les volcans sur lesquels nous dansons sottement. Leur explosion menace l'espèce sapiens, toutes les autres espèces, et la planète.
Monsieur **Yuval Noah Harriri**, qui ne rit jamais, donne aussi **« 21 leçons de stratégie pour le XXIème siècle ».**
On a choisi ici huit questions cruciales urgentes pour rigoler, à la portée de notre gai savoir :
– la lutte contre le transfert du pouvoir humain aux algorithmes,
– la régression raisonnée des désastres climatiques qui sont du fait de l'homme,
– la fabrication permanente de revenus de survie et de formation pour le milliard des plus sinistrés du progrès,
– la répression des abus de pouvoir des datas,
– les violations des vies privées par les « administrateurs » de réseaux,
– la neutralisation des terroristes théocratiques, et la déprogrammation des auteurs en travaux d'intérêt général,
– la fin des hystéries féminicides, et l'accès égalitaire des femmes aux moyens de formation et de gouvernance,
– le démantèlement des armements nucléaires, chimiques, bactériologique, et neuro-biologiques.

Pour ce travail de géants Rigolens, revenons à Rabelais, pourfendeur des andouilles : « La capacité de contenir la violence », est un « impératif absolu ».

Mettons-nous à « L'heure de s'enivrer ».

- 1986 - Hubert REEVES – éditions du seuil – 1986 - « **La synchronicité, l'âme et la science »,** de Mr Reeves ont amené l'idée d'une ère nouvelle possible, il y a plus de 40 ans.

Pour nous préserver de la ruine de l'homme sous les abus de la science en transe, la science dont on peut s'enivrer pour notre plaisir est simplement « l'invention pacifique » des progrès humains.
Elle veut que nous donnions plus que nous prenons.
Elle ne veut pas d'un transhumanisme déjanté.
Nous disposons du recul nécessaire, pour changer nos convoitises techniques en bien traitances.

- 1542 - Rabelais avait raison - Les Livres - édition de Juste à Lyon.
La déraison du non rieur est disséquée.
Rabelais, médecin, analyse la cervelle de l'agélaste. Il a en lui cette « partie interne » « semblable au couillon gauche d'un ciron mâle ». La raison du sujet « Carêmeprenant » est comme « un petit tambour », avec un sens commun « comme un bourdon », et un jugement comme « une pantoufle ».

- 1560 - Laurens Joubert - « Traité du ris, contenant son essence et ses merveilleux effets, curieusement recherchés raisonnés et observés ».
Ces « effets raisonnés et observés » font la première thérapie pratique.
Joubert précise : « le Rire sert à expulser la bile noire qui empoisonne, il évite de tomber dans la mélancolie ».

- 1905 - Dr Freud - Le mot d'esprit et sa relation avec l'inconscient.
Freud établit, le bénéfice du « Witz », en auto consultation, puis comme un jeu du rire libérateur d'énergie chez les humains en mal de conscience.
Le mot d'esprit permet le retour à l'équilibre, il donne l'intelligence pour s'affranchir de l'angoisse existentielle.

- 1983 – Dr Rubinstein – Psychosomatique du rire.

Le rire étant la vie, et surtout la santé, on peut guérir ses maux de conscience par des techniques d'acquisition en « humeur ludique ». Elles sont installées au-dessus du stress, dans une « médecine de l'homme total ». L'auteur complète cette attention psychosomatique personnalisée par une pathologie collective à développer en style de vie commun, qui aide à la cohésion du groupe social ». « Il crée une connivence », qui désarme. Dans le rire « ce qui est bon pour l'individu est bon pour le groupe ».

Pour s'en convaincre, on relira deux grands déconnosophes :

- 1860 - Nietzsche, « Le Gai Savoir » : Ce seul prussien d'esprit Witz pour la société de son temps, a élevé le rire au niveau d'un discernement altruiste. Chez Freddy « L'homme doit se favoriser lui-même et favoriser son prochain » par le gai savoir. Le rire se situe au-delà du bien et du mal. (Mais alors pourquoi veut-il un surhomme à la nitche, si l'homme normal pense mieux en riant ?)

- 2008 - Lionel Bellenger – Rire et faire rire - pourquoi l'humour change la vie – ESF éditeur :

L'auteur n'est guère farceur. Mais il unit avec brio les « fonctions du rire » d'une part et les traits de la « régulation humoristique » d'autre part. Son ouvrage éducatif est si pédagogique qu'il faudrait le mettre aux programmes des écoles, en tous lieux et banlieues. Son l'intelligence sociale panoramique est un bienfait qui nous rappelle que « faire rire exige du discernement et un sens des responsabilités ».

Route du rire, et raison collective :

Cette route se parcoure en quatre bientraitances :

- Le « primum non nocere », rassure chacun.

- Le « secondo Rigolare », communique l'intériorité du rire au groupe. Le gai savoir donne tout en prenant.
- Le « tertio Rigolare moderanti » conduit à réguler en commun les manœuvres de « La Folie », « chienne égarée », de Mr Tesson, la vôtre comme celle du voisin.
- Enfin le quatro du « Witz », crée le réflexe de l'esprit de finesse, pour fabriquer du discernement - tac au tac de la conscience.

Les mots du rire sont les mots du français des francophones :
Accessoirement, vous vous débarrasserez du « crétin tel qu'on le parle », dans tout échange social. Où qu'il soit conduit. Le langage dégradé pervertit en effet le pouvoir du rire. Il a été repéré dans ses méfaits, eux-mêmes risibles, par **Mr Pierre Chalmin – Les éditions de Paris 2013.**
Par exemple :
- Ne dites plus « Cash » pour « Franc ». Cash en effet n'est pas franc, n'est pas « En toute franchise ». « Vous pouvez parler cash, car vous n'êtes pas enregistré, » est un abominable mensonge sémantique de caméra cachée dévoyée.
- Ne dites plus « viol », avec dérapage manipulateur pour autre chose qu'un assaut sexuel d'abuseur ignoble.
- Ne dites plus « connerie fatale » pour une simple erreur humaine sans malice.

Poseurs et porteurs du rire, soyez très malins.

Vous êtes invités à poser votre rire pour raisonner juste, et à le porter haut comme des enfants qui jouent sans cesse.

Les poseurs de rire pour la raison sont des enfants volontaires, rigolens fermes et constants, dès l'âge de raison. Pour le temps de leur courte vie ils se perpétuent en Voltaire, le raisonneur rieur de Ferney, et en Mona Lisa, la souriante sacrée de Vinci. Il faut ici noter que les femmes ont en premier lieu posé le rire au-dessus des berceaux des petits enfants. Si bien que le pouvoir du rire est omni sexe, par construction : « ô » vous, hommes supérieurs, apprenez donc à rire », disait Nietzsche. « ô » vous femmes très supérieures, votre rire et votre sourire engendrent tout nouveau récit intelligent des humains, qui apprennent. « ô » vous enfants, restez les maitres des jeux de rire pour établir la raison.
Après la mise sous le boisseau des lumières, nous avons été progressivement jetés à terre « morts de rire ». Le constat fait en ce sens par Mr Georges MINOIS est à notre sens provisoire ? En Etats absolus, puis en Etats Providences, ce sont les effets absurdes des gouvernances boiteuses et des marchés invisibles qui n'ont pas engendré l'hilarité. Concentrés de connerie nuisibles, les collectivismes et les guerres mondiales ont fait aussi gravement. Même « le Voltaire » monnaie courante a disparu de notre démocratie, sous le Franc pas franc du tout.

Je ne peux plus rire, et ça me rend dollareux !

Perdus dans les coups bas techniques pour « andouilles », nous sommes en panne d'histoire drôle. Candide l'ingénu nous crie qu'il il faut agir. Dans cette ère d'adaptation au trans-progrès, il faut poser la force comique partout et décider d'un ordre des choses moins étrange et plus protecteur.

Mr Picq, dans **sa nouvelle histoire de l'homme - Perrin - 2005** « prône la réconciliation de l'homme variable mais conscient avec sa nature individuelle. L'homme qui rit est plus que l'homme. Il est arbitre et protecteur de la vie.

Quelques « Irremplaçables » ont installé le rire en récits de raison :

Plutarque, inoxydable poseur des questions qui fâchent en l'occident :

Il racontait que les philosophes grecs qui accompagnaient Alexandre le Grand se confrontaient à des « gymnosophistes » indiens en les interrogeant innocemment, par exemple :
« Qui apparut le premier, le jour ou la nuit ? » La réponse d'un yogi fut : « Le jour, mais il n'a précédé la nuit que d'un jour », et maintenant « ôte toi de mon soleil ».

Le Dalaï-Lama, grand rigolant d'Asie, tolérant universel : Selon ce sage éminent, l'illumination, au sens bouddhique de l'éveil, est fréquemment accompagnée d'un rire d'une essence particulière, « ... le rire de l'approbation étonnée », celui qu'on ne démolit pas, même avec des chars.

Maurice Béjart, chorégraphe d'Allah et de Jésus pour les réconcilier :
Il notait dans le rire un second souffle pour l'homme en rupture de civilisation. Au cours d'une interview, un journaliste lui a posé la redoutable question des causes de la crise du monde moderne et des solutions qui pourraient être préconisées. Maurice Béjart a fait la (merveilleuse) réponse suivante :
« Je ne suis pas capable de donner un message, de trouver une solution. Mais je pense que le rire est bon, le rire est très important, le rire nous fait respirer... Il y a un rire qui est un rire de l'enfance, qui est le rire de la joie, le rire de la santé, le rire du bonheur ».

Jacques Deperme, et son rieur pincé du Japon :
Au japon, on imagine mal un rieur craignant totalement la mort, depuis les samouraïs, et certains recommandent même de rigoler, quand elle surgit en s'annonçant.

© « On raconte que durant une guerre civile, l'armée rebelle a envahi une ville loyaliste. Tous les habitants s'étaient enfuis, ainsi que tous les moines du temple zen de la cité. Tous sauf le maître, un vieil homme, un roshi, comme on nomme les anciens. Le général de l'armée victorieuse qui se rendit au monastère fut très contrarié de l'accueil glacial du vieux maître, et du peu de considération que celui-ci lui témoignait. Savez-vous, lui dit-il, que vous avez en face de vous un homme capable de vous pourfendre d'un coup de sabre sans même cligner des yeux ? Et vous, répondit le maître, Savez-vous que vous avez en face de vous un homme prêt à être pourfendu sans même cligner des yeux ? Le général resta un moment silencieux, puis s'inclina et se retira pour éviter un dit d'humour fatal à sa réputation ». Un homme « un peu éveillé » et rieur sait bien que le drame de la vie c'est qu'on n'en sort pas vivant.
Pour **Jacqueline Kelen, le rire** « appartient bien à la générosité de l'être ». Les Japonais en sont convaincus, dans ce proverbe : « le bonheur arrive à ceux qui rient ».

Jean Yanne, et ses Pensées, répliques, textes et anecdotes - Le cherche midi éditeur - 1999, pour déranger :

Ici on aimera les récits d'un mauvais coucheur. Pour, protester, taper fort, aimer, faire rigoler, il faut bien saper sans relâche la baraque des connuisants.
L'auteur reprend l'agacement de Molière, avec sa violence ironique propre. La résignation n'est pas de mise chez les Misanthropes.
Nous sommes maintenant privés des écrits, des farces et des films de Jean Yanne, mais nous avons compris sa méthode du rieur actif.
« Je suis le mec qui dans toutes les chambres d'hôtel du monde redresse le flotteur dans la chasse d'eau qui fuit ».

Certains anthropologues seraient ils confiants dans une raison du rire ?

- 1998 - André Langaney et ses amis, Clottes, Guilaine, Simonet - la plus belle histoire de l'homme – Points

Et si nous étions encore dans la préhistoire de l'humanité ? Et, si nous n'étions que momentanément vers la fin prématurée de cette histoire ? Mr Langaney, je vous propose de réunir votre raison à votre humour pour vérifier cette deuxième éventualité, en projetant la suite de votre histoire, avec le même humour, en desserrant notre bêtise, sans que nous serrions les dents.

- 2018 François REYNAERT - La grande histoire du Monde-Fayard

On comprend ici que nous sommes tous si différents, et que l'occident a fini de faire le malin provisoirement. Nous voyons à quelle vitesse la montée des nouvelles puissances reconfigure le monde « et comment les anciennes civilisations fanées ne peuvent espérer poursuivre une quelconque route sans difficulté de faiblesse ». Nos civilisations d'Europe étaient tout, selon nous seulement. Comment notre raison locale décompensée peut-elle encore tirer son épingle du jeu ? HOMO RIGOLENS, hâte-toi, « non lente ».

- 2014 - Henri Atlan, Frans de Waal - Les frontières de l'humain : Le pommier,

Ce sont les frontières modernes de la conscience qui se dessinent dans ces 90 pages de perplexité polymorphe. Elles s'intéressent au sens moral qui serait redéfinissable, questionné par la neuro-biologie. La bienveillance s'en sortirait sauve parce que nous sommes

« fondamentalement sociaux ». La cognition du rire induit des décisions bienveillantes, que Mr de Waal reconnait par ailleurs chez nos cousins bonobos.

- 2015 - Idriss Abercane doit tout libérer.
La force comique manque à son ticket pour un cerveau en surmultipliée. Mais on peut souscrire du bout du neurone à son humour discret et à l'évolution de l'enseignement transhumaniste qui est préconisé dans son projet de neuro sagesse. Considéré comme un génie des systèmes éducatifs, Idriss l'expert veut humainement changer la société en repartant du cerveau pour asservir les systèmes, et non l'inverse. Bravo ! ça c'est marrant.
Je demande rais toutefois à l'auteur d'apprendre à rigoler franchement. L'humour, d'un point de vue éducatif, reste le garant de la raison, et de l'esprit critique, dans la prolifération de l'intelligence artificielle.
Par exemple, peut-on envisager sans rire que la mort soit vaincue par téléchargement de la conscience ?
Par exemple pourrait-on sérieusement habiter dans des mondes de « réalité virtuelle », deux mots qui en cette association hilare sont ridiculement antinomiques.
Par exemple peut-on proclamer, sans se marrer comme des ânes méchants que l'intelligence artificielle aura la vertu saugrenue de devenir supérieure à celle d'Homo Rigolens ?
On ne veut aucun « Solutionisme » de ce genre, dont on ne ricanerait pas. Aucun cerveau ne mérite d'être libéré, si le rire propre de l'homme est perdu.

- 2011 - Philippe Presles - Tout ce qui n'intéressait pas Freud (l'éveil à la conscience et à ses mystérieux pouvoirs)

Le genre humain, dit-il, est sur le point d'interrompre son évolution ascendante, pour une autodestruction massive à moins d'un saut de conscience volontaire venant de notre système intentionnel. Ce nouveau saut sera fait « de notre histoire, de nos larmes **et de nos rires ».** Prenons conscience de notre conscience qui désire le progrès sans connuisances.
Freud a vu que l'inconscient est plus dominant que le conscient, et que le rire nous offre de les mettre en accord. N'adressons aucun reproche réducteur au Dr Freud, et demandons à Mr Presles d'être plus drôle que lui pour nous éveiller. En occident, on sait élever les instances du soi, par le rire Sigmund.

Des gélosophes-philosophes exemplaires ont réussi à joindre le rire à la raison.

- 1980 - André Verges Court Traité de philosophie - Nathan
Par chance pour moi, et pour 30 bougres d'élèves du bac en 1959, il fut notre professeur de philosophie. Sapiens d'humour et de raison, il a su nous dire pour notre vie : « Rira bien qui rira vendredi », jour de la dissertation réfléchie sur table. Nous avons tous ri du complément de parole : « Et rira bien qui rira le dernier pour la raison ». Merci « maître », en gros « bébête » de 78 ans et 76 ans de questions, je me demande toujours grâce à vous, ce que l'homme qui ne rit pas peut choisir entre intelligence et jugement.

- 1981 - Pierre Desproges - Manuel de savoir vivre à l'usage des rustres et des malpolis : Virgule.
Comment reconnaître un con mal élevé, et « gérer ses comportements » ? Et il y a quand même de « vraies bonnes raisons de rire ». Mr Desproges est parti trop tôt de ce monde mal élevé pour être reconnu comme

clinicien de la contre-connuisance. Or il savait la soigner par la gélosophie. Les paspolis d'éducation ruinent toujours le gai savoir.

- 1995 - André Comte - Sponville, Traité des petites vertus

Son chapitre sur l'Humour est très touchant pour la place qu'il donne dans ses vertus. Pour un grand philosophe de la générosité, le rire reçoit sa place. Un humain rigolens est un vertueux d'équilibre. Cette sagesse convient parfaitement à notre temps compliqué. « Le plaisir est un rire sage à cultiver sagement » disait Epicure. Alors une petite vertu qui fait plaisir, c'est une chance.

- 2015 - Frédéric Siffer - Dictionnaire chic de philosophie-Ecriture

L'auteur moque avec esprit toutes les recherches de vérités qu'on ne trouve pas. Humeur, humour et raison contre les intellos, cela nous aide en effet à voyager plus léger. En taquinant « le rire de résistance » de Mr Ribes pour cause de plagiat, l'auteur s'interdit en même temps de discuter plus loin de l'action du rire dans la force comique des sachants. C'est dommage.

- 2014 - Man in the moon - Olivman et Anne de Rochas - Edition de l'auteur.

Achetez, (cher), et gardez cet ouvrage au parfum arrangé dans votre poche, car il est hors rayon de bibliothèque. Les deux collecteurs de rires errent sur une planète lune des étranges désordres, sans queue ni tête. L'univers neu-neuronal de leur cerveau insolite parcourt la jungle urbaine avec un talent alchimiste. Ça tourne en rond, mais c'est bon, sans raison commune. Des dessins patatoïdes aux couleurs curare et des mots poétiques, féminins et sensuels, soulignent un message à peine abscons : « la croyance généra leur incertitude, la croissance fit grandir leurs turpitudes. L'homme en poudre aura besoin d'eau pour survivre au soleil ». La gélosophie semble attachée à un string sous son kilt !

- 2015 - Mohammed Moussaoui - Comment dit-on humour en arabe – Folio - 2015,
Rigoler avec et entre tous les potes, arabes et non, ça marche avec et sans Coran, et ce n'est pas du tout une affaire de rire confiné. On adore cette réunion d'auteurs ! Mohammed nous donne les histoires drôles, sketchs, citations, au fond des opinions burlesques, qui devraient permettre à tous de vivre ensemble, au-dessus des obscurantismes. J'ai médité hilare sur la fin de la « Crise de foi » de Sophia Aram. « Nous l'année dernière, on s'est trompés : **pour la fête de l'Aïd, on a égorgé une dinde** ».

Quelques conjoncturistes sociologues ne posent pas le rire actif.

L'heure n'étant plus aux « choses sérieuses », il faudrait quand même que ces grands intellectuels deviennent des petits Rigolens.
- 2003 - Claude Manzagol - La Mondialisation - Armand Colin
Plus grave que ça tu meurs, en victime écrasée par l'évolution, dont cet excellent ouvrage expose les ressorts et perspectives merdiques, sans solution de gai savoir.
Accélérations, globalisation, extinction,

Civilisations en questions.
Petites vies de cons,
Pas de discussions,
Circulation.
Des solutions, p'tet ben qu'non,
Alors p'tet ben qu'oui, rigolons.

- 2014 - Thomas Piketty - Le Capital au XXIe siècle Seuil, et la suite :

A vous de tenter de lire, courageusement, ces 2000 pages pédagogiques, en deux bouquins de plomb, pour adultes consentants atterrés et candidats jaloux. Si vous ne craignez pas les embrouilles néo-nostradamiques, pseudo-économiques et totalement sociales, en noires visions cachées sous des avalanches de statistiques, si vous aimez les sociétés du possible reconditionnées au genre PROUDHON, vous sortirez de ces pavés en bons casseurs, quand même un peu sceptiques en black blocs.

Cher nouveau Saint Thomas laïc, je n'ai pas vu que vos règles équitables de mort au Capital puissent sortir les plus faibles et révoltés d'une pauvreté régalienne prochaine, heureuse et sans emploi. Deux milliards d'individus en retard de vie attendent de nous tous intelligence et des moyens sans doctrine polémique. Ce n'est pas ce que vous vendez. Du produit collectif à faible croissance que vous appelez de vos vœux, il faudra distribuer sans compter ce qu'on n'aura pas, au plus petit dénominateur commun, sans aucun reste pour investir pour les plus démunis.

Cette belle revanche sur les salauds de capitalistes riches (mais pas vous) est, mâtinée de gentil Lénine tardif, avec un doigt de Trotski éculé. C'est comique, mais forcé. Il y a déjà du TAF de régulation – sans Mad Marx brothers au sommet. En attendant Godot on peut déjà lire **« Piketty au piquet », Frédéric Georges Tudo, éditions du moment, 2015.**

- 2015 - Robert Reich – Supercapitaliste - Vuibert.

Une menace mortelle, retraçable, implacable est ici exprimée sur le tas, parfois, avec un humour très très léger, pour se moquer à juste titre de la fin de l'âge d'or du capitalisme. Si le choc entre le système économique émergeant et la démocratie s'inscrit fatalement dans nos civilisations sapiens demens, il faut passer à un stade volontaire, de bientraitance, séparé du progrès technique. La fin des détournements de l'homme par le mensonge, l'affrontement entre la connuisance super prédatrice et l'avenir de l'humanité sont inéluctables. Business et Bonheur Intérieur Brut doivent être distingués, selon un principe de séparation constitutionnel à garantir. Le recul du rire pour contourner la connerie serait à même de maintenir une démocratie responsable, qui garantirait cette séparation.

- 2015 - Utopies Changer le Monde - Le Point Références

Les communautarismes des utopies politiques pseudo altruistes qui sont exposés dans cet ouvrage donnent le vertige et fournissent la preuve des manipulations détestables dont les surhommes sont capables pour tromper les rêveurs naïfs.

A vouloir imposer un paradis sur terre, on finit par y « construire l'enfer ». Les utopies sont trop belles pour être honnêtes, mais les dystopies sont trop graves pour ne pas constituer un danger de fin d'espèce à éviter. On ne devrait donc plus rêver de cités idéales sans le rire ... et sans la raison.

On ne louera pas non plus **« l'âge des machines intelligentes » de Mr Ray KURTZWEIL.**

Il complote l'utopie technique monstrueuse des cerveaux humains à trafiquer.

L'auteur de ce cauchemar est un grand sachant, absolutiste du numérique et des algorithmes indéterministes. On doit en rire jaune, de toute notre force comique critique. Personnellement par exemple, si je vivais encore à 100 ans, je ne voudrais pas, vers 2042, télécharger le contenu (indigent) de mon modeste cerveau sur une puce de silicium à

« implémenter » sur un autre corps d'un pauvre humain décervelé. A cette idée, je me roule par terre de désespoir suicidaire.
Je suis tout autant saisi de rigolade par les travaux dystopiques terrorisants de **l'Université de la singularité**, **édition 2014 et suivantes**, d'Amsterdam ou d'ailleurs.
Les monstres déments « singuliers », qui sont tapis en cours d'études ou d'expériences sans éthique sont à extrader vers Orion, en vertu d'un traité international spécifique.

- 2010 - Richard David Precht, Qui suis-je et si je suis combien ? Belfond porte cet aimable personne qui déambule en philosophe de Germanie. Le beau jeune homme est universitaire, journaliste et écrivain brillant. Il dépoussière Kant, Schopenhauer, et Nietzsche. Mais il se veut surtout attaché à Darwin le Mondial, et aux nouvelles sciences fascinantes du cerveau. Il sait bien que leurs abus peuvent nous tuer. Mais son sourire de séducteur, arrange les bidons, dans une quête frénétique de perception sensible. Son voyage critique revisite nos notions fondamentales, il ne lui permet jamais de remettre vraiment la science en question. Et rien ne le rend rieur dans cette errance car la raison gélosophe n'est pas convoquée pour discerner à la lumière d'un gai savoir. Il n'a pas noté celui de Nietzsche, n'ayant retenu de lui que la fascination du surhomme. Aucun sujet n'étant laissé de côté - vérité, amour, mémoire, conscience et subconscience, bonheur, la montagne recreusée accouche cependant d'une souris déjà vue.
« Soyez curieux de tout, réalisez vos bonnes idées, et remplissez vos journées de vie et non votre vie de journées ». Alors pour avancer quand même, le rire, dont vous avez besoin, cher Richard pourrait « resynchroniser », « l'entendement valet », pour le rendre Maitre.

- 2014 - En Contre-courant ; Freinoune Sahebjam – reviens Mahomet, ils sont devenus fous-grasset.

Si vous voulez à nouveau unir l'humour et la raison des croyants de l'Islam, si vous voulez respirer à contre-courant des idées reçues dans toutes les religions déchaînées par la connerie des hommes qui tuent, alors cet ouvrage est pour vous, mais il faudra beaucoup rire.

- 2008 - Rire de A à Z - Jean Michel Ribes : « Rire de résistance » - Beaux Arts

Mr Ribes a fait un jour son grand Rond Point du rire, de A à Z, pour s'élever contre la connuisance, ensuite pour soutenir la contestation avec ses référents. Il donne sa série historique de rebelles du rire, par le texte, la caricature, les images, les citations, et ses commentaires personnels de grand auteur. Il semble toutefois s'arrêter à ce stade panoramique, que nous devons dépasser pour porter un rire actif au pouvoir de la raison. Alors Mr Ribes, rejoignez-nous, si vous pensez que vous n'avez pas tout dit.

Voilà, le rire sera maintenant posé, avec votre visite.

Puisse ce blog vous aider à prévenir par le rire « la politique du chaos » annoncée par **Thérèse Delpech** dans **« l'autre face de la mondialisation » - éditions du seuil - 2015.**

Terreur quand tu nous tiens, tu ne nous lâche plus.

URRIPOTES

Nous les potes d'URR,
On n'est pas mous du tout.

On rigole, pas potentats,
On est ensemble, et pi voilà.

Ils riront de conserve.

La vertu du rire tire la baraque des humains dans une progression joyeuse de régulation culturelle. L'homme qui fait le RIGOLENS remplace sans drame le sapiens pas sapiens.

Cette déconosophie des d'URR et d'URRITES les pousse à raisonner ensemble dans la cité. Ils savent tous que le rire est « le plus court chemin d'un homme à un autre » (Wolinsky dixit).

Tout singe bonobo régule déjà son clan avec ses potes et ses potesses en rigolant, depuis trois millions d'années.

Marrons-nous d'urgence ensemble, car « La modération [du rire] est le trésor du sage, homme ou bonobo ».
Toute voie sans humour ayant échoué lamentablement, c'est au sapiens rigolens qu'il revient de dépasser le seuil de l'individualisme forcené des conneries nuisibles.
Uti, non abuti, tas d'abrutis « le Rigolens sait prendre et donner, sans faire tomber la balance ».
Il faut des lieux festifs pour le dire, et pour construire le **gai savoir** du discernement. Ainsi sont ceux des **Pot' A Conf. :** Académies, cabarets, cafés théâtre, cafés-bus, jardins publics, espaces de débats et de conférence, et toutes places qui se réclament de l'enseigne **φ. Chacun en fait sa chance de Gélosophie.**

L'âne de connuisance repenti dit à ses potes qui rient :

Moi, séants
Je passe en avant
Le ballon ludique
Déconnosophique,
Serviteur en ce chaos
Des citoyens héros
De la force comique.

Dès votre première visite vous serez reçus « Déconnosophe » dans vos établissements du Pot'a Conf.

Leurs URRIPOTES y font enfin la « Plus belle histoire de l'homme » et la « Plus belle histoire du monde » :

FAUT rigoler ! Pour le meilleur,
Et cont' le pire,
C'est l'heure
De s'inscrire.

En Pot'a Conf. vous pourrez vous enivrer à l'heure de Mr REEVES :

- **connaitre vos amis et vos contradicteurs,**
- **décider des actions communicatives contre la connerie nuisible.**

INSCRIVEZ VOUS

A URR,
c'est La Fin des impostures

UZUME la star et déesse universelle de la jubilation, vous propose sensuellement de marier le rire et la raison dans tous les pot'a conf.

Voici votre formulaire d'adhésion et de sauf conduit : Le Cercle des Pot' à Conf d'URR a le plaisir sans limite de vous accueillir comme HOMO RIGOLENS, pour changer l'ordre des choses qui ne conviennent à personne.
Tout débat et toute action du rire pour raisonner vous sont accessibles.

Quelle est votre question, et que voulez-vous faire ?
Vous vous proposez d'en parler à votre date

Dans le Pot 'A Conf, à l'adresse qui suit :

Vos grands invités sont :
………………………………………………………………………………………
………………………………………………………………………………………
………………………………………………………………………………………
Votre sujet, résumé en deux phrases clés :
………………………………………………………………………………………
La bonne Question cruciale :
………………………………………………………………………………………
L'Action envisagée à débattre :
………………………………………………………………………………………
Votre proposition d'action initiale *(plan de déconnuisance envisagé, plus agenda) :*
………………………………………………………………………………………
………………………………………………………………………………………
………………………………………………………………………………………
………………………………………………………………………………………
………………………………………………………………………………………
Avec le soutien de *(au moins deux référents)* :
………………………………………………………………………………………
………………………………………………………………………………………
Voulez-vous adhérer sur place au parti du rire POT'a CONF ou dès maintenant ?
Sur place : oui Ó Maintenant : Ō
Le verre de l'amitié gélosophe qui suivra votre adhésion vous sera offert par tous les Pot'a Conf. Présents.
Signature et civilité, ou pseudo qui sera respecté :
………………………………………………………………………………………

Notons ici que Les dames arbitreront les échanges du jour.

2021

2020 fut l'année blanche du blog.

En 2021 la force comique aura, selon ce blog, trois défis de connuisance majeurs pour tous.

- **La faim :**

On veut une Organisation Mondiale s'adressant à la mal nutrition, du fait des connuisants.
Défi : convaincre les-fautifs et non fautifs de fournir aux démunis du pain et de l'éducation en quantité vitale, en faisant rire tout le monde dans la durée.
La faim colle sur place plus de 2 milliards d'humains, alors que 1/3 de ce que nous produisons passe à la poubelle, et que 1/3 de nos ressources sont épuisées par les renards civilisés. C'est le premier défi qu'il faut raconter partout en plaisantant.

- **Les exactions des surhommes du transhumanisme :**

Il faut instruire publiquement les abus des techniques et expertises transhumanistes, présents et prévisibles.
Défi : établir des règles hilarantes de Droit International pour qualifier les auteurs, décider des amendes et sanctions économiques et sociales assorties de publications pour 10 ans personnes morales et personnes physiques confondues.

- **Les actes terroristes :**

Il faut que les terroristes perdent la face dans leurs communautés et dans leurs pays.

Défi : écrire leurs vies d'exactions depuis leur âge de raison, établir leurs incapacités à rire et à faire rire. Puis mettre les convaincus sous cloches pénales, et les faire déprogrammer. On les affectera à des travaux d'intérêt général sous peines complémentaires de sûreté. La déprogrammation sera précédée de l'Enseignement de **l'Histoire universelle de la connerie,** selon **Jean-François Marmion** et ses auteurs - éditions sciences humaines - 2019.

A vos marques :

On Publiera partout,

Chez les gaulois et les non gaulois, chez les francophones d'ailleurs, et dans les grands médias du monde entier, comme sur les réseaux sociaux civilisés. On fera savoir que vous êtes HOMO RIGOLENS, Hommes, Femmes, Enfants et Incertains. On fera connaitre vos avis et vos commentaires, pour le Gai Progrès de notre espèce.

Dépasser la connuisance sera l'affaire de tous les gélosophes de ce blog.

https://www.perspectives-communication.com/newsroom/communication-creation-medias-blog_files/communiquer-sur-les-reseaux-sociaux.phphttps

Le loto des crétins

Repères des trois veilleurs du blog, en diffusion imprimée.

A

- L'Age de déraison sans rire est propre aux connuisants, de 7 à 107 ans.
Abbé Zodrom, du savoir en bénitier.

- L'Apocalypse serait le triomphe des cons augmentés.
Simon Cussonnet de Torreleur, grand Horloger numérique.

B

- La Bêtise sans bornes est illimitable.
Romain y Garytos, astrologue-friseur à Kouptif.

C

- Le Créationnisme 2050, ça craint comme une croyance trans-machin.
Mère Claire Ikal, diaconesse à Sainte Tartuffe.

D

- Les Dentiers augmentés du Monde entier seront les clapets à fermer des civilisations avancées.
Profffefffeur Monclapet de Folamour.

E F

- L'Éveillé(e) restera un Homme ou une Femme Rigolens qui voit touh.
Kabienh Dormi, stigiste à Plubelah Vih, Etat de Pandore en Boite.

G

- « La gaieté deviendra la forme la plus aimable du courage ».
Juju-Dex, détective au « Gairidon ».

H

- Tout Héros qui roule en humour fait ce qu'il pneu, dès qu'il rit comme il veut.
Ben URR, conducteur de chârres, cité d'Un Lope.

I

- L'Intégriste théocratique du Vat'Ycon, et le Vieux méchant de la Montagne, à Daches, sont hors tolérance pour toujours, même s'il reste des maisons pour ça.
Hector Tor Quemada, inquisiteur-retraité, et Kam Alette Lhahdi, vierge au Paradis.

J K L M

- Les Jeux de MOMUS sont des jeux de cons, quand on est agélaste.
Olympe du Logis-Ciel, à Intéter-Minisme.

NOP

- Tout Natif d'Orion est un rieur sur Or-Bit.
Keopsbis Réassis, pharaon extra-terrestre numérique.

Q

- « Quoique », Mot valise interdit au gai savoir déterminé.
Mac Marron, inventeur-actif à droite du CNRS.

R

- Le Rire du Net est toujours brut :
Hector Démocrite contrepétiste abscons et webmaster.

S

- Tout Sapiens couché dans sa baignoire ne croit plus en sa raison de rire.
Pol Séhfoutuh anthropologue-inventeur à Néanh sur Trance.

T, U

- Le Tohu Bohu fut une révélation, publiée par Rabelais à la « Une de Chinon ». En 1535, Il a ainsi défini « l'ordre étrange des choses ». Tout chaos non comique aléatoire nous est défendu.
Balais Razetouffe, Docteur en Homéostasie.

V

- La Valeur comique n'attend pas le nombre des années. Elle est une Qualité déterminante de la vertu du petit Homme.
Dédé Diogène, fort des halles à Delphes.

W X Y Z

Les quatre lettres orphelines du loto en veille rigolens sont « Imprononçables ensemble », donc non recommandables, sauf pour la mémoire des ânes.
Mais elles sont casables au scrabbeule : W, pour un Witz, c'est pas si Kon – X, pour un Popolytechenichien, c'est anonyme – Y, pour un Yaka bien en rigoler partout, et Z, pour un Zombi.
Zinzin des Iles vierges.

Bergson, Freud et les autres

Rejoignez notre Société des Déconnologues

Les praticiens de la « Tabula rasa » :

La médecine antique s'est intéressée au pouvoir du rire sur l'âme des humains. Hippocrate a fondé un enseignement facétieux de la bonne humeur, pour guérir les incongruités sociales de la civilisation grecque. Gallien, médecin célèbre de l'Occident latin, pourfendeur de la démesure dans l'empire romain, a noté l'intérêt d'une pensée gaie pour atténuer les souffrances des dominés.

Ainsi naquit la déconnologie, contre la connerie grave qui nuit au genre humain.

Après Freud*, cité comme grand poseur de rire, les rirapeutes du « gai savoir » ont développé une pratique du rire de dialogue, sans artifice ajouté. Ils ont diagnostiqué les troubles de l'humeur et du comportement causés par les connuisances les plus sérieuses. Ils ont vu que la thérapie de rigolade a besoin d'analyses, paroles cruciales, gestes sociaux, mots d'esprit, jeux de rôles. Ces moyens sont également utilisables préventivement, pour prévenir les prédations abusives.
La déconnologie cognitive qui en résulte libère l'énergie des équilibres entre prendre et donner.
Le processus de régulation, vise à la diffusion d'un effort décisif de distanciation à intégrer dans une humanité qui passera de 7 à 10 milliards d'individus. Il doit réinitialiser les consciences de tous. La conscience du gai savoir de chacun créera une coopération collective de rigolade.

Notre société de Déconnologues, qualifie et regroupe les praticiens rirapeutes, aptes à traiter les formes nouvelles de désagrégation des sapiens, notamment dans le désordre étrange du transhumanisme.

L'agrément de Rirapie sera délivré aux déconnologues sous la reconnaissance du double T, « Tabula Rasa, Tirdanleta » qui doit qualifier chaque futur praticien.
Le candidat doit justifier de l'élimination personnelle de ses préjugés, et de son action sur le terrain contre une connuisance avérée, privée ou publique, grâce à sa force comique.
Le candidat est entendu par un référent, en conversation de rigolade cruciale. Le référent aura à valider son aptitude par degrés de valeurs passés en Pot'a Conf. Le diplôme de Rirapeutie lui sera remis, par le Conseil de la Cité d'URR.
Puis il sera admis à exercer son gai savoir, pour résoudre les conflits de connuisance.

NB : L'entretien des connaissances du rirapeute fera ensuite l'objet d'un suivi entre le référent et l'agréé. Des relais de référence pourront être décidés.
* La névrose de connuisance humaine a été « analysée » par le Docteur Freud dans ses travaux sur le rire, comme « un malaise de civilisation ».

Six principes de praticiens :

<u>Premier principe</u> :
Si « Conscience sans rire n'est que ruine de l'âme »,
science sans conscience n'est que ruine de l'homme.
Et « le secret d'ennuyer est de tout dire » sans gai savoir.

<u>Deuxième principe</u> :
Le savoir rire de dialogue rétablit les malades de connuisance
par la force comique.
Il régule le désordre étrange des choses en expansion indéterministe.

Troisième principe :
La déconnologie doit être jubilatoire, créatrice et essaimeuse.

Quatrième principe :
Le déconnologue doit assister tout connuisé jusqu'à son retour à meilleure fortune et au développement de son autonomie par le rire.

Cinquième principe :
« Le rayonnement des femmes est la chance de l'humanité ».
La pratique du rire déconnologique
est sans exclusivité de référence masculine *.

Sixième principe :
Le déconnologue enseigne que personne ne doit prendre sans donner.

* Sur la capacité des femmes à l'exercer comme les hommes, Abü Al-Walid ibn Ruchd, ou Averroès, médecin et philosophe musulman s'est prononcé en leur nom à Cordoue, dès 1126.

....

L'Adjuvant RIGOLDON :

Placebo de diversion, le RIGOLDON peut renforcer le dialogue déconnologique sur la connerie nuisible. Il aide à la communication par cap-hilarité pour réfléchir en se mouillant.

Le Rigoldon est un alicament virtuel facultatif destiné à faciliter la libération du rire.

Il n'a aucun d'effet secondaire indésirable. Il ne vise pas à augmenter bêtement le cerveau. Il protège moralement et préventivement de la morosité agélaste. Il ne relève pas de l'homéopathie.

Il appartient à l'homéostasie traditionnelle post rabelaisienne.

La prise du Rigoldon peut intervenir en cure d'attaque, de soutien ou de prévention. Elle se poursuit alors sur 8 jours, au moins 2 fois par an.

Le RIGOLDON dilate la rate sans court bouillon, par production d'un rire réflexe zygomatique, qui tend à modérer l'humeur et le comportement prédateur abusif.

Recette publique libre, fabrication du Rigoldon chez soi :
En cruche de 100 cl, soit pour quatre verres à pieds propres © :
Aqua simplex 0,70 cl
Zuchero sicci 0,10 g
Ratio corinthum ab ovo 0,10 g
N2 O sine qua non 0,30 cl
Le RIGOLDON © est une exclusivité placebotique du laboratoire RIGOLDEF de FULCOSAE - MOY en Zibelines.
Pour sa composition organo-leptique, on se reportera à la notice des Professeurs Benita Beladona et Valèrie Ianne. – ***Edition litres et ratures des Dames au rire sacré - 2017.***

Le Rigoldon *ne peut faire l'objet d'aucun commerce parallèle ou croisé illicite ou illicite, même sur les réseaux de communication. Il ne peut être copié ou reproduit sans autorisation, avec ou sans contre façon. Il n'est pas remboursé, ni par les Etats-providence, ni par la Sécurité sociale, ni par les Mutuelles de santé.*

« Homo Rigolens archiboldens » :
Ce placébotant du RIGOLDON dit toujours, enchanté après la prise
« si la lune est pleine, je ne sais pas qui l'a mise en cet état ».

Fondation de l'Union des Rirapeutes « du Rire à la Raison »

Pré en bulle

Les Rirapeutes sont du parti du rire de Pierre Dac. Dans cette tradition, ils ont fondé une association de praticiens déconnologues, libres de tous conflits d'intérêts.

Association des RIRAPEUTES

Considérant les vertus du rire, les déconnologues posent et installent un rire bien rond, en association avec la raison. Ils s'unissent dans l'oignon à six couches, qui fait la « Force comique » sans faire pleurer.

Couche 1 :

Les Rirapeutes sont un cercle d'utilité universelle, pour les soins du rire de la raison. La Loi française sur les associations, leur est en principe applicable. (Loi de 1901 - publiée au J.O du Ta ka la L'yre.). L'Union prend soin de toute âme égarée, victime ou auteur de connuisance abusive.

Couche 2 :

Le siège de l'Union est à l'adresse mail du blog HOMO RIGOLENS.

Couche 3 :

L'Union est accessible à tous les déconnologues actifs. La modération des comportements abusifs de prédation par l'action de la force comique fait l'action des rirapeutes en tous lieux. Les espaces de concertation des « **Pot' A Conf** » les réunissent régulièrement à cet effet. Qui est absent des concertations est réputé s'exclure de l'association, sauf indisponibilité calamiteuse.

Couche 4 :

La concertation formelle en assemblée générale annuelle est de droit, à première demande de trois membres, avec ou sans délai. Les délibérations ont lieu au pied du verre levé : un Rirapeute, un coude, une voix.

Couche 5 :

L'organisation de l'Union est définie et supervisée par chaque membre en permanence et par tous en particulier, solidairement. Une assemblée générale au moins est tenue par exercice. Le président de l'Union est choisi en son sein à l'unanimité des seuls présents ou représentés. Le président jure sur sa tête, et celles des autres membres de ne pas se laisser griser par sa fonction, et de rire comme avant et comme toujours, de tout comme de lui-même, et de tous les autres avec bienveillance. Il empêche, par rigolade spéciale collective, toute tentative d'oligarchie et d'excès de pouvoir.

Les comptes de l'Union sont annuels, établis sur excel qu'on aime pas. Les Ressources et dépenses sont au niveau du centime d'euro, dans l'équilibre absolu des cotisations appelées, s'il en a été fixées par l'assemblée, à la majorité simple. Le budget de l'année est proposé en avance par le Président candidat à l'élection. Il est adopté par les Rirapeutes présents ou représentés, à la majorité absolue.

Couche 6 :

L'Union peut être dissoute par ses membres présents, en toute sobriété. Par ailleurs, elle pourra avoir lieu par simple arrêt discrétionnaire de l'activité du blog Homo Rigolens.

Sined Duanruof

http://writingthetongue.blogspot.fr/

Cliquez droit sur ce lien, pour obtenir un point de vue du grand philosophe FOUCAULT sur la valeur du rire dans la conscience collective.

Programme Tabula Rasa des candidats Rirapeutes

Tous entrent ici pour apprendre à raisonner en rigolant.

3 Valeurs acquises avec un Référent :

– Deconnologez-vous en deux marches.
– créez un avis de déconnuisance
– créez un cercle d'action Pot'a Conf.

Un certificat de déconnologie élémentaire est délivré sur simple visite du Blog avec un ami.

Directeur de publication :

Denis FOURNAUD

78112 Fourqueux

Impression et Mise en page :

La Petite Fabrique

DE TOURNUS • 71700

Illustration pour le titre de couverture :

© Hendrick MONNIER

74940 Annecy

Parution et dépôt légal :

Juin 2021

ISBN :

978-2-9577734-0-4